EL PROCESO DE ENSEÑANZA-APRENDIZAJE:
Claves de la didáctica general en la formación docente

EL PROCESO DE ENSEÑANZA-APRENDIZAJE:
Claves de la didáctica general en la formación docente

Sandra Vázquez, Marta Mauri, Sara González y Carolina Falcón

PRENSAS DE LA UNIVERSIDAD DE ZARAGOZA

© Sandra Vázquez, Marta Mauri, Sara González y Carolina Falcón
© De la presente edición, Prensas de la Universidad de Zaragoza
(Vicerrectorado de Cultura y Proyección Social)
1.ª edición, 2023

Colección de Textos Docentes, n.º 323

Prensas Universitarias de Zaragoza. Edificio de Ciencias Geológicas, c/ Pedro Cerbuna, 12, 50009 Zaragoza, España. Tel.: 976 761 330
puz@unizar.es   http://puz.unizar.es

 Esta editorial es miembro de la UNE, lo que garantiza la difusión y comercialización de sus publicaciones a nivel nacional e internacional.

ISBN 978-84-1340-693-0
Impreso en España
Imprime: Servicio de Publicaciones. Universidad de Zaragoza
D.L.: Z 1281-2023

1. Introducción

La sociedad en la que vivimos se caracteriza por considerar el conocimiento como uno de los principales valores de sus ciudadanos. Ya se ha hablado de esto al mencionar los informes de la OCDE (2012, 2013), que consideran las competencias como la divisa global del siglo XXI. El valor de las sociedades actuales se predice con el nivel de formación de sus ciudadanos, la capacidad de innovación y de emprendimiento. Pero los conocimientos, en nuestros días, tienen fecha de caducidad. Esta coyuntura obliga, ahora más que nunca, a establecer garantías formales e informales para que los ciudadanos y profesionales actualicen constantemente su competencia. Este es el contexto en el que el marco curricular evoluciona, no siempre desde el sentido de adaptarse a las demandas pedagógicas y socioeconómicas, sino también en respuesta a coyunturas políticas. La sociedad exige a los profesionales de la educación una permanente actividad de formación y aprendizaje. ¿En qué afectan estos cambios a los profesores? ¿Cómo se debería pensar en el trabajo del maestro, consideradas estas nuevas circunstancias? ¿Cómo se podría garantizar que el futuro profesorado: 1.º tuviera los conocimientos y las actitudes que dieran respuesta a las necesidades de la sociedad del conocimiento y 2.º aprovechara todas las posibilidades de mejora continua que esta le ofrece?

Se comenzó hace algún tiempo a hablar de los maestros como gestores del conocimiento, diseñadores de ambientes de aprendizaje, con capacidad para rentabilizar los diferentes espacios en donde este se produce. En esta línea la profesión docente se caracteriza por lo que Shulman (1998) ha denominado «una comunidad de práctica» a través de que «la experiencia individual pueda convertirse en colectiva» (p. 521). El empeño por conseguir una sociedad que aprende se ha concretado en un profesor que aprende a lo largo de toda su vida. El aprendizaje permanente se ha vuelto obligación moral. Y estas emergentes necesidades requieren nuevas maneras de entender la formación; una formación menos anclada en modelos formales, presenciales y rígidos, cada vez más flexible, que permita a los profesores crecer cognitiva, social y emocionalmente (Hager, 2001).

Junto a la competencia de aprender con autonomía, un elemento de crucial importancia para dar respuesta a los desafíos actuales de las escuelas es la capacidad de liderazgo de los profesores (Marcelo, 2002). En una revisión realizada por Smylie, Conley y Marks (2002), resultó que los profesores con actitud de liderazgo ponen en marcha más actuaciones para mejorar las escuelas, asumen más riesgos y tienden a dedicar la mayor parte de su tiempo a desarrollar programas curriculares e instruccionales de cambio. Durante mucho tiempo, se ha considerado el liderazgo como una cualidad innata de solo algunas personas «afortunadas». Sin embargo, si se piensa en una profesión docente que innove e impulse a las nuevas generaciones hacia delante, todos los profesores deben convertirse en líderes. El liderazgo es inherente al papel del profesor como profesional, desde el momento en el que los profesores comienzan a asumir responsabilidades, convirtiéndose en un condicionante ético de su práctica respecto a la actividad profesional y al desarrollo de sus carreras. De este modo, se interpreta como una profesión comprometida con la innovación, en conocimiento y voluntad.

El propósito de esta obra es contribuir a la calidad de la formación inicial universitaria de Magisterio organizando un marco de conocimiento en torno al currículo y su didáctica. Con la nueva organización curricular, lo deseable es dotar de conexión a las distintas materias y facilitar la dinamización e innovación escolar. Queda ya lejos la conceptualización de Ortega y Gasset (1930) respecto a la organización de los contenidos que debían tratarse en la enseñanza universitaria. El filósofo proponía el principio de economía para seleccionar qué contenidos debían impartirse en las universidades, algo que resultaba clave en una sociedad que veía cómo su «banco de conocimiento» crecía exponencialmente. Esta idea ha evolucionado sustancialmente hasta llegar al concepto de «aprendizaje a lo largo de la vida» en la actual sociedad del conocimiento. Ahora se parte de premisas distintas al pensar cómo se puede formar mejor a los actuales universitarios para la sociedad que les toca vivir y, concretamente, a las futuras generaciones de profesorado. Sin embargo, es aún válido, como fundamento para sentar las bases de este manual, un fragmento del ilustre pensador:

> [...] en la organización de la enseñanza superior, en la construcción de la Universidad, hay que partir del estudiante, no del saber ni del profesor. La Universidad tiene que ser la proyección institucional del estudiante, cuyas dos dimensiones esenciales son: una, lo que él es [...]; otra, lo que él necesita saber para vivir.
>
> De *Misión de la Universidad*, 1930

En el *primer capítulo* se aborda la fundamentación epistemológica que subyace y ha generado las actuales visiones de la didáctica. Es decir, se inicia el mismo conceptualizando el propio sentido de la educación y se responde a las siguientes preguntas: ¿cómo se ha elaborado el conjunto de conocimiento que hoy día tenemos sobre la educación, el proceso educativo, la relación entre docente y discente o los factores que influyen en el aprendizaje?; ¿de qué manera, a lo largo de la historia de la pedagogía, los científicos educativos han realizado sus investigaciones y han abordado los problemas que la realidad educativa de su tiempo les presentaba? Tras el estudio de este primer capítulo, el estudiante podrá reflexionar sobre lo que subyace a la práctica docente desde el punto de vista del enfoque ético y técnico. Se habrá iniciado en la comprensión sobre los procesos de construcción de conocimiento necesarios para generar «planes de actuación docente» que respondan a la diversidad y aporten versatilidad de estrategias, soluciones, respuestas, etc., en el marco educativo actual.

En el *segundo capítulo* se aborda el nuevo marco curricular de la Lomloe, a través de los nuevos elementos curriculares que plantea. El nuevo currículo trata de definir situaciones para facilitar el aprendizaje de los saberes indispensables para la ciudadanía del siglo XXI. Además, impulsa el desarrollo de proyectos educativos, metodologías, fórmulas organizativas y entornos especialmente inclusivos y lo hace como consecuencia del reconocido aumento de desigualdades educativas. Con la llegada de la Lomloe, hay un cambio de lenguaje y de paradigma, ya que la nueva ley se plantea como objetivo primordial una educación competencial, donde las competencias se proponen como un nuevo lenguaje, tratando de sugerir un significado ligado a la habilidad, la dotación y destreza *(skills).* En este capítulo se explica, también, la importancia del currículo en el discurso educativo, que demarca una realidad existente e importante en los sistemas políticos; un concepto que, si bien es cierto que no acoge bajo su paraguas a toda la realidad de la educación, sí que se ha convertido en uno de los núcleos de significación.

El *tercer capítulo* se desarrolla en torno a tres puntos que ofrecen un marco de reflexión que ayuda a repensar la práctica educativa inclusiva. En primer lugar, se sensibiliza al lector hacia el reconocimiento de la diversidad existente en las sociedades contemporáneas comprometidas con el progreso y la justicia social. En este apartado se detalla también el concepto de educación inclusiva con su definición y aspectos relevantes sobre el término. En segundo lugar, se detallan algunas claves determinantes para planificar el desarrollo de los procesos de enseñanza-aprendizaje en contextos diversos, ofreciendo recomendaciones para el desarrollo del currículo y para que los contenidos o saberes sean nutrientes de las capacidades del todo el alumnado. En último lugar, se hace referencia a las competencias docentes para la interacción didáctica, poniendo especial énfasis en la importancia de las habilidades socioemocionales y el estilo de enseñanza como factores asociados en el buen clima escolar y de aula.

En el *cuarto capítulo* nos acercamos al sentido y proceso de innovación educativa apuntando algunos de los requisitos, de los criterios y de los factores de éxito en dicho proceso. Para tal labor, partimos de una concepción de la innovación no como una actividad puntual, sino como un proceso cíclico cuyo propósito es la mejora de la educación en alguno de sus ámbitos, para la cual se necesita generar una cultura profesional basada en actitudes y concepciones proactivas y emprendedoras. Igualmente, se incide en la necesidad de la reflexión crítica y deliberada sobre qué se va cambiar, en qué dirección, cómo hacerlo y con qué medios. Se proporcionan algunas de las claves para el diseño de proyectos de innovación educativa. Y, finalmente, nos acercamos al aporte de las escuelas innovadoras como referentes en este proceso de transformación y cambio. Todo ello, con el propósito de que nuestro alumnado pueda desarrollar herramientas que le permitan diseñar y emprender proyectos de innovación en un futuro próximo.

CAPÍTULO 1
Fundamentación epistemológica en didáctica general y teoría del currículo

Carolina Falcón Linares

1. Introducción

Todo intento de análisis teórico de la naturaleza epistemológica de la Didáctica (concepto de esta ciencia, fundamentación, autonomía, estructura, unidad o diversidad constitutiva…) ha de basarse en una aproximación científica al concepto de la educación. Este es un concepto medular que ocupa la atención de los teóricos especializados en ella y que nos lleva una y otra vez a la reactivación circular del debate en torno a su teorización (Conde, 1995; Creswell, 2005; Hernández, Fernández y Baptista, 2014). A fin de cuentas, en toda reflexión sobre cuestiones educativas subyace o está presente una concepción determinada sobre el fenómeno educativo, su naturaleza y contenido. A precisar este concepto, así como a definir sus características para la fundamentación curricular, se orienta el contenido de este capítulo.

Comenzando con el análisis del sentido que tiene el proceso educativo, se consideran dos acepciones radicalmente distintas del mismo: por un lado, podemos entender la educación como «conducción», que implica la idea de alimentar, nutrir, influir desde fuera, llevar de una situación a otra… y, por otro, se puede asociar la educación a un proceso de «extracción», que supone la acción de sacar de dentro a fuera, de desarrollo interno, de ayuda para el cambio desde el interior. En el primer caso, el maestro «realiza una operación» para aplicar estrategias que conduzcan al alumnado desde el punto A hacia el punto B en su aprendizaje. En el segundo caso, el maestro «facilita y guía el proceso» para que cada estudiante pueda aprender B a partir de sus disposiciones preexistentes, concibiéndose infinitos estados posibles de A.

Teniendo en cuenta estas cuestiones que diversifican el concepto de educación desde su propio enfoque y filosofía de partida, muy relevante también es considerar las características del sujeto de la educación, es decir, la persona. Cada persona, con su propia y específica identidad, es sujeto de nuestro estudio cuando teorizamos sobre la didáctica y el currículo, pues del concepto que tengamos de la persona se derivan una serie de connotaciones pedagógicas. En este capítulo vamos a asumir como principios definitorios de la persona los siguientes (Medina y Sevillano, 1991):

— La persona humana es singular.
— La persona humana es autónoma en sus actos.
— La persona humana está abierta a la relación con los demás, con las cosas y con el mundo trascendental.
— La persona humana es unitaria e integrada; no es la suma de partes aisladas.

Interesa tener muy claro que el sujeto real de la educación no es el ser humano abstracto, universal, en un medio sociocultural indefinido, sino todas y cada una de las personas concretas, desde su propia y específica identidad y con las posibilidades de su peculiar existencia en su contexto familiar, geográfico, socioeconómico, etc. De este concepto de persona se derivan una serie de principios educativos que están en la base del movimiento humanístico de la educación: actividad, libertad responsable, autonomía, singularidad, apertura, unidad y totalidad (Quintana-Cabanas, 1989). Una educación de calidad exige la concurrencia de esos principios como sustento de las acciones que se inicien y de las decisiones que se tomen. Estos principios están en la base de todo proceso educativo de humanización de la persona (Ruiz-Corbella, 1999).

Tras conceptualizar los sentidos de la educación y la idea de persona, por último, resulta necesario aclarar que la educación depende y está inmersa siempre en un sistema de valores, y una alteración en los valores entraña inmediatamente una modificación de la educación. Especialmente necesario es subrayar la idea de que ninguna educación es posible sin un planteamiento objetivo y fundado de los valores. Si no podemos establecer la diferencia entre lo verdadero y lo falso, lo justo y lo injusto, lo bueno y lo malo, lo que beneficia y lo que perjudica…; si estas distinciones fueran solo fruto de la opinión o gustos individuales, ninguna educación podría ser objetivamente orientada y legítimamente considerada (Medina y Sevillano, 1991).

En conclusión, la educación es como un poliedro que tiene muchas caras. Paradójicamente, para elaborar una teoría educativa que oriente el currículo, el primer paso es aceptar y comprender su complejidad e indeterminación (Zabalza, 1987). El hecho de que, por otro lado, educar sea un fenómeno que resulta familiar o aparentemente fácil por su naturalidad, no reduce su esencia difícil y especializada. Ninguna decisión puede tomarse sin pasar por un completo proceso de reflexión metaeducativa, científica y axiológica.

Una vez queda enmarcado el objeto de nuestro conocimiento, la educación, la siguiente etapa en nuestra reflexión nos lleva a preguntarnos por la legitimidad científica que tiene actualmente lo que sabemos sobre la educación. Esta legitimidad, o nivel de confiabilidad y certeza, dirige nuestra mirada hacia los estudios científicos pedagógicos y la diversidad en nuestro modo de hacer Ciencia de la Educación. ¿Cómo se ha elaborado el conjunto de conocimiento que hoy día tenemos sobre la educación, el proceso educativo, la relación entre docente y discente, los factores que influyen en el aprendizaje...? ¿De qué manera, a lo largo de la historia de la pedagogía, los científicos educativos han realizado sus investigaciones y han abordado los problemas que la realidad educativa que su tiempo les presentaba?

Si los conocimientos que hoy día tenemos sobre la educación y la didáctica son legítimos, nuestra ciencia se puede considerar autónoma y sistemática. También al revés, si confiamos en que nuestra ciencia ha logrado su saber con rigor, sentido y sistematicidad, las teorías educativas en las que fundamentamos nuestras acciones serán sostenibles y darán respuesta a las necesidades educativas reales. Sin embargo, las ciencias de la educación estudian fenómenos que, a diferencia de los fenómenos naturales, tienen sentido e intencionalidad humana. Nuestro propósito al hacer ciencia pedagógica no es la explicación del hecho educativo desde la lógica causal con la que se comprenden los fenómenos físicos, sino la comprensión e interpretación del sentido de tales hechos educativos desde sus diversas ópticas y contextos. Se llama «sentido educativo» a la finalidad desde la que se proyecta el proceso educativo, al por qué educamos y para qué objetivos. Además, la proyección práctica de la educación, como en general de las otras ciencias sociales, no se reduce a su vertiente práctica o técnica. Resulta imprescindible contar con una proyección de corte ético, transformadora y liberadora de la conducta (Santos-Guerra, 2008; Valle, 2018).

Tanto la estructuración en unidad del saber científico-pedagógico como la legitimidad del proceso de obtención de dicho saber constituyen el estatuto epistemológico de las Ciencias de la Educación. Por ello, para comprender qué es la epistemología de una ciencia, nos situamos en un proceso reflexivo sobre los fines con los que se elaboran sus teorías y sobre la relación que establece el investigador con su objeto de conocimiento; por ejemplo, la investigación sobre las propiedades que tiene un metal en respuesta a variaciones de temperatura se realiza para ampliar el conocimiento sobre dicho material, saber cómo puede comportarse en distintos procesos industriales, identificar usos y nuevas características, etc. El investigador deberá mantener determinadas condiciones en su laboratorio, en las muestras, en el proceso experimental, etc., que le permitan validar y legitimar los resultados que obtenga. Por otro lado si, por ejemplo, se realiza una investigación sobre la eficacia en el aula de distintos agrupamientos para poder desarrollar una metodología de aprendizaje basado en problemas, el propósito será explicar e interpretar los procesos educativos que resultan de variar el tipo de agrupamiento, para lo que se identificarán posibles necesidades, problemas, factores, condiciones, etc. El investigador deberá conocer el contexto, puede participar en el mismo o ser un observador externo, pero tendrá que garantizar que puede generar una teoría educativa en sentido estricto y fiel, útil para sus fines y los de la comunidad educativa a la que se dirija.

En tercer lugar, tras la conceptualización del objeto de conocimiento y de las cuestiones epistemológicas, llega el momento de concretar el ámbito metodológico. Es interesante para el estudiante de Magisterio conocer que, en consonancia con la naturaleza del fenómeno educativo, el estudio de este necesita un «método». El método es la guía que establece un orden en una serie de actividades para la consecución de los objetivos de la investigación. Una de las características de los métodos es su adaptación inevitable al objeto de conocimiento. En nuestro caso, el de la investigación educativa, para poder acceder a todo el conocimiento sobre la educación, necesitamos pluralidad metodológica (Reichardt y Cook, 1982). La metodología demuestra, en nuestro caso, que el pensamiento racional puede trazar diversos caminos hasta llegar a su objetivo.

Todo lo anterior nos conduce a una estructura normativa de lo pedagógico. En definitiva, se refiere a que las disciplinas pedagógicas contienen en su seno una doble dimensión: el *ser* de las cosas y el *deber ser;* la situación actual y la que se pretende alcanzar. En ellas se conjugan e interconectan tres acciones: una descriptiva/diagnóstica/evaluativa (que define el *ser* de las cosas, la situación real y actual, el marco de necesidades, una conducta, etc.); otra normativa (que establece el *deber ser,* el fin deseable, el objetivo de la acción), y una tercera orientadora (configuradora del camino entre el ser y el deber ser, el método, el proceso de transformación). Es a partir de estas tres estructuras epistemológicas (ser, deber ser y posibilidad-método de alcanzarlo) como se construye el discurso pedagógico en sus diversas modalidades disciplinares, incluida la Didáctica. Del modo en que estos tres componentes se combinen y articulen dependerá que el discurso didáctico sea prescriptivo o constructivo, sea dogmático o emancipador, etcétera.

En lo que resta de capítulo se van a introducir los principales paradigmas científicos que han articulado estas dimensiones epistemológicas, dando lugar a modos muy distintos de razonamiento científico, a concepciones muy distintas de la educación y, por tanto, a métodos de enseñanza muy diferentes. Queda fuera de los contenidos de la formación en Magisterio el conocimiento de los distintos métodos de investigación en educación. Sin embargo, sí es necesario para los docentes tener una formación básica sobre la existencia de las grandes perspectivas que engloban dichos métodos en nuestro campo: la positivista-experimentalista y la hermenéutica-constructivista. Esta introducción a la historia científica en nuestro campo, así

Figura 1. *La máquina de la escuela* (Tonucci, 2008)

como la adquisición de las nociones más importantes sobre los modos de llegar al conocimiento pedagógico, servirán para que los futuros docentes estén radicalmente lejos de *La máquina de la escuela* de Francesco Tonucci (figura 1).

2. Concepto de paradigma

Para comprender el concepto de paradigma, deberemos partir de un «objeto de estudio» particular; en nuestro caso, el proceso educativo. Nos interesa comprender y seguir aumentando nuestro conocimiento sobre el proceso educativo y, como se ha dicho antes, garantizar su viabilidad para mejorar la educación. Ante esta necesidad, a lo largo de la historia de la Pedagogía, se han ido sucediendo distintos enfoques acerca de cómo se ha ido entendiendo la realidad educativa y de las posibilidades del método científico para acercarnos y comprender dicha «realidad». Estos enfoques, que a su vez incluyen características que configuran un marco conceptual, constituyen los *paradigmas,* concepto definible como «[...] un conjunto básico de creencias que guía la acción, tanto de la vida cotidiana como la acción relacionada con la investigación científica» (Guba, 1990, p. 17).

Han existido y coexisten aún en la actualidad varios *paradigmas científicos* en Ciencias de la Educación. Las diferencias entre estos paradigmas se explican porque tienen diferentes concepciones de la realidad (del *ser*), de lo deseable *(deber ser)* y de las metodologías desarrolladas para lograr los objetivos. Tradicionalmente, se han dividido en dos grandes grupos: por un lado, está el positivismo y el pos o neopositivismo, en cuyo marco se ha desarrollado la metodología cuantitativa; por otro, los paradigmas denominados en su origen como «alternativos», entre los que se incluyen el constructivista (o construccionista de la realidad), interpretativo, hermenéutico y el paradigma crítico. Resulta necesario enfatizar que estos paradigmas alternativos presentan importantes superposiciones entre sí y que a todos ellos se ha adscrito, en algún momento (histórico), la metodología cualitativa.

Guba (1990) diferencia entre los paradigmas positivista, pospositivista, constructivista y crítico. Cook y Reichardt (1986) distinguen simplemente entre los paradigmas cuantitativo y cualitativo, respectivamente. La clasificación de Guba (1990) nos resulta especialmente interesante y clarificadora para elaborar una fundamentación teórica didáctica porque se basa en un esquema analítico en torno a tres interrogantes. Guba propone categorizar los paradigmas según sus enfoques responden a estas tres preguntas básicas, ubicadas en los niveles ontológico *(el ser),* epistemológico *(el deber ser)* y metodológico (el camino, la orientación del cambio).

(a) *Pregunta ontológica:* ¿cuál es la naturaleza de lo que conocemos, o bien en qué consiste la realidad?

(b) *Pregunta epistemológica:* ¿de qué naturaleza es la relación entre el investigador y aquello que desea conocer? Esta pregunta se refiere a la intencionalidad del conocimiento; es decir, se plantea si el conocimiento puede existir como algo independiente del observador y con qué intención se investiga. ¿Me interesa encontrar relación entre conductas? ¿Me interesa interpretar una conducta asociada a un caso?

(c) *Pregunta metodológica:* ¿de qué manera se deberá proceder para acceder al conocimiento?

Las respuestas a estas preguntas constituyen el sistema de creencias básicas del paradigma y, como creencias que son, no pueden ser verificadas ni rechazadas.

Son un marco teórico que, supuestamente, asumimos para aumentar y validar el conocimiento que tenemos sobre una disciplina. Respecto al objeto de conocimiento que nos ocupa, el proceso didáctico, podemos practicar con la definición de Guba realizando la actividad 1 que se encuentra al final del capítulo. Por otro lado, en la actividad 2 se trabajan las principales características de las tres corrientes paradigmáticas reconocidas actualmente.

Bautista (2011, p. 11) define los paradigmas como «un conjunto de nociones que forman una visión del mundo, en torno a una teoría hegemónica en determinado período histórico», lo cual nos aporta una concepción mucho más concreta y asequible. De lo anterior, podemos concluir que un paradigma se encuentra intrínsecamente ligado a su comunidad científica o profesional, y que representa una visión que comparten esas personas en función de una teoría. Sin embargo, vamos a agregar una tercera definición del concepto de paradigma, tal vez la más conocida por su perspectiva evolutiva de la ciencia. Según Kuhn, un paradigma es un modo de hacer ciencia que goza de reconocimiento universal y logra validez durante cierto tiempo, período en el cual proporciona a la comunidad que lo asume un modelo de problemas y soluciones compartidos, base para la construcción del marco de conocimiento vigente en ese período (Moulines, 2015).

Para ilustrar un concepto tan abstracto como el de paradigma, se describen dos situaciones a continuación que ejemplifican dos aproximaciones de investigación sobre un mismo fenómeno. Al leerlas, conviene realizar una búsqueda de similitudes y diferencias entre ellas para intuir los postulados o principios que se asumen en cada caso. Esos supuestos, que versan sobre la realidad objeto de estudio, la intencionalidad y el grado de implicación del investigador, así como sobre los métodos empleados, constituyen la visión paradigmática desde la que se fundamenta la acción. En función de los postulados fundamentales, la acción de investigación tendrá un corte cuantitativo (positivista y pospositivista) o cualitativo (constructivista, interpretativo o crítico).

Situación 1. El tutor de un aula de sexto de primaria está interesado en realizar un estudio sobre la integración social y la cohesión de grupo que se da en su clase con una presencia importante de alumnado de distintas procedencias socioculturales. Resulta que en la clase se han observado conductas xenófobas y racistas hacia parte de este alumnado. El equipo docente de ciclo ha decidido intervenir proponiendo actividades didácticas que permitan trabajar las relaciones humanas y reconozcan positivamente el valor de la diversidad cultural. Con el objetivo de estudiar la eficacia de esta intervención, el tutor inicia la investigación titulada «Evaluación de un programa para fomentar las relaciones personales y la integración del alumnado en una clase multicultural» con la siguiente hipótesis de trabajo: la intervención educativa a través de las actividades programadas mejorará las relaciones interpersonales y favorecerá la integración de todo el alumnado, especialmente del alumnado inmigrante que se ha incorporado recientemente. A fin de controlar que los efectos observados en el alumnado se deban al programa y no a otras variables extrañas, el tutor empieza el estudio pasando una prueba sociométrica adaptada a esta edad para conocer el nivel de integración del grupo, las relaciones internas y la posición que ocupa cada uno antes de aplicar las actividades. De este modo, contará con una medida pretest que comparará con los resultados obtenidos al pasar el mismo instrumento después de finalizar el programa. Por lo tanto, utilizará un diseño pretest-postest que le permitirá medir y cuantificar la incidencia del programa. Para el análisis de la información realizará un cálculo que compare los valores individuales y grupales que ofrece el test sociométrico en los dos momentos de recogida de datos.

Situación 2. El tutor de un aula de sexto de primaria está interesado en realizar un estudio sobre la integración social y la cohesión de grupo que se da en su clase con una presencia importante de alumnado inmigrante, hacia el cual se han observado comportamientos xenófobos y racistas. El equipo docente de ciclo ha decidido intervenir proponiendo actividades didácticas que permitan trabajar las relaciones humanas y reconozcan positivamente el valor de la diversidad cultural. El tutor de la clase pretende conocer de cerca cómo vive y se siente el alumnado que participa en esta experiencia, el sentido que para ellos tienen este tipo de actividades, cómo participan y se involucran, de qué manera van interiorizando los contenidos tratados y cómo todo ello contribuye a fomentar relaciones interpersonales más positivas, una mayor cohesión de grupo y cómo se rompen los estereotipos y las preconcepciones respecto a sus compañeros. Para describir y comprender las vivencias y la incidencia provocadas por estas actividades en el alumnado, el tutor ha decidido realizar un estudio observacional en el aula durante todo el trimestre. Las sesiones de observación están previstas durante el desarrollo de las actividades programadas, durante otras actividades y en otros espacios del centro más informales como la hora del patio, las interacciones libres y espontáneas entre clase y clase, y en las entradas y salidas del centro. Al final de todo el proceso, se triangularán los registros de las observaciones en los diferentes escenarios para identificar cambios en el patrón de relaciones y las actitudes manifestadas por el propio alumnado. No se descarta realizar entrevistas en profundidad a algunos de los alumnos para obtener información sobre el proceso de cambio vivido y la incidencia de la experiencia en su desarrollo social y personal.

Ambas situaciones ilustran una dualidad tradicional (el debate cuantitativo-cualitativo) que permite esbozar dos modos distintos de hacer investigación en educación. La situación 1 tiende a identificarse con el paradigma denominado indistintamente «positivista» o «cuantitativo», pues procede de la tradición empirista. La situación 2 responde al paradigma interpretativo, constructivista o cualitativo, ya que procede de una filosofía hermenéutica. Las diferencias ilustran una polaridad de orden epistemológico, pues se trata de dos tradiciones con un trasfondo de concepciones teóricas muy diferentes, que actualmente ya no son únicas ni totalizadoras, ni hay que considerarlas desde una división absoluta. Analizándolas desde los casos que se han descrito, se comprueba que el objeto de estudio o la realidad que nos interesa estudiar es la misma en las dos investigaciones. Se trata de conocer la incidencia de un programa de actividades didácticas en la integración del alumnado en un aula multicultural. Sin embargo, la manera de entender el fenómeno y de evaluarlo es completamente distinta.

En la situación 1 esta realidad se concibe como una unidad y se sitúa fuera de la influencia del tutor. Es decir, no se plantea como propósito la comprensión del proceso didáctico como parte de la acción docente, sino que se busca saber la eficacia del proceso didáctico desde la objetividad externa a la acción docente. Se materializa en la medida o la cuantificación de la integración del alumnado a través de un instrumento (test sociométrico) en dos momentos distintos, para calibrar la magnitud de la incidencia del programa didáctico. Respondiendo a la primera pregunta de Guba (1990), la realidad es unitaria, externa al docente y fragmentable. Como consecuencia, la relación investigador-realidad estudiada es de absoluta independencia, sin ninguna involucración personal por parte del primero (si el investigador no fuera el tutor, el contacto con el alumnado sería puntual, solo para aplicar el cuestionario). Todo ello justifica la utilización de métodos y técnicas cuantitativas para el procesamiento de la información, que permiten situar los datos al margen de los significados e interpretaciones personales para verificar una hipótesis expresada explícitamente, a través del diseño de investigación bien definido previamente.

En la situación 2, en cambio, la misma realidad educativa se concibe de un modo absolutamente diferente. En primer lugar, ya no es externa al investigador/a, sino que es el resultado de cómo este y el propio alumnado la interpreta: la realidad (la incidencia del programa en la integración del grupo) se construye estudiando los fenómenos y los procesos que caracterizan a la vida del aula y captando distintos puntos de vista, reflexiones personales e interpretaciones subjetivas (del alumnado, del tutor y, tal vez, de familiares, orientador/a, etc.) sobre el desarrollo y la incidencia de las actividades. En su dimensión epistemológica, en este paradigma la interacción humana constituye la fuente principal de los datos. Los investigadores forman parte del escenario objeto de estudio, se implican y permanecen durante un amplio espacio de tiempo en él; en este caso, se realiza un estudio observacional durante tres meses. El propósito principal es comprender e interpretar todo lo que sucede en el aula, describiendo la vida en ella tal y como es (cómo vive y se siente el alumnado que participa en la experiencia). En consecuencia, se necesita el uso de métodos y técnicas cualitativos (estudios observacionales y estrategias para la obtención de la información, como la entrevista en profundidad) que permiten conocer la realidad desde una perspectiva interna, captando el significado particular que a cada hecho atribuyen los propios protagonistas. Y todo ello en un proceso de indagación que ya no es individual, sino que se hace público. Los propios participantes son conscientes del proceso de indagación, se implican en la búsqueda de conocimiento y aportan su propia interpretación del fenómeno estudiado.

Frente a la dualidad paradigmática, la complementariedad hace referencia a las estrategias de integración que aportan dos visiones de los hechos desde un punto de vista compatible. Cuando se trabaja desde la complementariedad paradigmática, lo cuantitativo completa la visión cualitativa, y al revés, sin que se produzca solapamiento alguno. Esta opción representa la integración de métodos, aunque sea en grado mínimo. El producto final de este tipo de diseños con combinación de metodologías fundamentadas en distintos paradigmas suele ser un informe con dos partes bien diferenciadas, cada una de las cuales expone los resultados alcanzados por la aplicación del respectivo método (Bericat, 1998; Sánchez-Gómez, 2015).

3. El positivismo y la visión técnica del currículo

La perspectiva positivista parte de una presunción básica: la necesidad de que el investigador no influya en la realidad investigada ni que el fenómeno estudiado produzca efectos en el investigador. Partiendo del supuesto de que existan realidades o hechos en el mundo social con características de objetividad y estabilidad, como en el mundo físico, el progreso de la ciencia prioriza el distanciamiento metodológico e instrumental entre el investigador y el objeto de estudio, de modo que se mantenga la objetividad y se evite la contaminación, tanto de los datos como del investigador (Gimeno-Sacristán y Pérez-Gómez, 2008). Para ello se deben tomar las precauciones metodológicas necesarias y elaborarse instrumentos no contaminados culturalmente, para que los datos reflejen la realidad de un modo objetivo y el investigador se mantenga neutral. El propósito prioritario de toda investigación en educación, cuando se asemeja al modo de estudiar el mundo físico, es la producción de conocimiento nomotético. Este tipo de conocimiento se define a partir de leyes que explican la realidad, generalizaciones abstractas y duraderas que se conciben independientes del contexto y, por tanto, universalmente válidas y transferibles en el espacio y en el tiempo (Latorre, Del Rincón y Arnal, 2021).

Desde esta visión paradigmática, nos interesa estudiar los fenómenos identificando los aspectos comunes y los procesos convergentes, así como también conocer las propiedades de los fenómenos que se repiten en diferentes situaciones y contextos. En última instancia, se trata de derivar generalizaciones que satisfagan la pretensión de predicción y control, así como de establecer relaciones de causa-efecto. Al igual que sucede con las ciencias físicas y naturales, la producción de leyes permite la predicción del comportamiento futuro de los fenómenos, la manipulación y el control técnico de las variables. Por ejemplo, si conocemos la relación estable que existe entre dos variables de un fenómeno (motivación y tiempo de estudio) y queremos producir un tipo de comportamiento deseado en una de ellas (aumentar el tiempo de estudio), solo tenemos que manipular la otra (motivación) en el modo que nos paute la ley o teoría subyacente.

Desde este modelo paradigmático, el esquema clásico de derivación del conocimiento es lineal y jerárquico, de arriba abajo, se organiza en leyes que explican la relación entre variables y se derivan lógicamente principios técnicos de intervención sobre la realidad. Es decir, el conocimiento educativo producido desde este paradigma nos dice que, en condiciones x, A produce B, o cierto cambio en A es necesario para llegar a un punto B. Del positivismo se derivan los principios técnicos para la acción docente y lo que se considera «normativo» en el fenómeno educativo.

El positivismo y las corrientes derivadas del mismo consideran que la intervención en la práctica educativa no puede ser interpretada por la singularidad subjetiva del profesor. Es deseable que al menos los principios de intervención técnica garanticen el máximo de racionalidad en la práctica. De este modo, tanto para la determinación de todos los elementos del currículo como para la propia organización de la escuela y el aula como para el proceso mismo de formación profesional del docente, viene un modelo de derivación técnica, de traslación de leyes a principios y normas de intervención que dibujen caminos claros de actuación, si es posible algorítmicas, de regulación racional del espacio, tiempo, los contenidos, los métodos, las estrategias de evaluación, los comportamientos docentes (Doyle, 1977; Gage, 1963).

En consecuencia, se establece una clara relación jerárquica de dependencia del profesor con respecto al científico investigador. El rol del científico es producir conocimiento en forma de leyes y derivar principios técnicos para que los docentes los apliquen. El profesorado no accede al conocimiento científico, ni por supuesto a los procesos y canales de producción del mismo. En todo su período de formación profesional, debe adquirir el conocimiento de los principios técnicos de intervención que otros han derivado y formarse en las competencias y habilidades profesionales requeridas para aplicarlos en las situaciones concretas de la realidad educativa que le toque vivir. El proceso de decisión en la práctica sobre cuáles son las normas más adecuadas para la intervención en cada momento resulta, además, y en gran medida, determinado por disposiciones externas de los políticos, la administración, los libros de texto o los cargos directivos del centro educativo. A este modo de proceder en la enseñanza se lo ha denominado «modelo de control remoto de la calidad de la enseñanza» (Doyle, 1990).

Como ya se ha indicado anteriormente, esta propuesta lineal y mecánica de intervención implica la presunción de estabilidad y homogeneidad en la realidad educativa. Solo es posible utilizar esta forma de racionalidad instrumental de la práctica si suponemos que la realidad de las aulas y escuelas es estable. Además, en el supuesto de que las variables que condicionan los procesos de evolución y aprendizaje puedan generalizarse a cuantas realidades escolares concretas cumplan con los requisitos genéricos del modelo prescrito. Por ejemplo, desde este paradigma se considera que pueden predecirse las condiciones cognitivas, afectivas y sociales del aprendizaje y de la vida social de los individuos de una determinada edad, en una concreta institución escolar, así como conocer los factores que rigen dichos procesos y prescribir una forma de tratarlos. El diseño del currículo tiende a homogeneizar su estructura y contenidos, a que se aplique de forma mecánica y a pautar la vida del aula para garantizar el aprendizaje deseado (Herrán, Hashimoto y Machado, 2005).

Por último, resulta imperativo mencionar que este enfoque se alinea con la función de «capacitación» que promueve el Estado, con el mercantilismo educativo. Desde el positivismo pedagógico, que no desde los métodos de investigación derivados, la educación responde a la producción de capital humano que responda a las necesidades socioeconómicas del país. La concepción de la educación se matiza por nociones como interés, actividad, control del aprendizaje, planificación de la tarea escolar, motivación, que tienen una fuerte presencia en el discurso de la Didáctica. Menosprecia los valores que se alejan de la racionalidad científica instrumental. Es esta Didáctica la que, prácticamente, define el fenómeno de la educación, como algo que acontece con exclusividad en el aula. El acento puesto en la búsqueda de técnicas y procedimientos que atiendan más a los aspectos externos que motivan el aprendizaje y el conocimiento y no al interés basado en el compromiso personal y social del conocimiento. Los principios de «eficiencia», «racionalidad» y «productividad» dirigen los procesos pedagógicos para garantizar el éxito del aprendizaje. Este enfoque mecanicista y utilitario descuida ejes sustanciales como el debate epistemológico sobre los diferentes campos disciplinarios, la investigación de los procesos de construcción de un área de conocimiento y las particularidades de los procesos de aprendizaje específicos de un campo disciplinario (Gimeno-Sacristán, 1982).

La idea del equilibrio es otro componente fuerte de este paradigma. Se manifiesta en la negación del conflicto: se concibe al conflicto como algo anormal, irregular, indeseable. El funcionamiento didáctico e institucional debe ser un todo armónico. Se niega la coexistencia de síntesis de posiciones políticas, sociales, epistemológicas, educativas, psicológicas. No se contemplan las resistencias, las contradicciones, los enfrentamientos, los encuentros y desencuentros. Estos aspectos no son elaborados porque se alejan de la racionalización objetiva del hecho educativo. Los procesos personales y subjetivos se ocultan y tratan de controlar para que no contaminen la eficiencia. Sin embargo, negando el conflicto, se ocultan las diferencias, diferencias que no se toleran, y se tiende a la homogeneización.

4. El paradigma interpretativo como enfoque constructivista del currículo

En el enfoque interpretativo todo proceso de investigación es, en sí mismo, un fenómeno social y, como tal, se caracteriza por la interacción. Inevitablemente, pero también desde la intención, la realidad investigada es condicionada por la situación de investigación, pues reacciona ante el que investiga o ante la misma situación experimental (Flick, 2004). De manera similar, el experimentador es influido por la realidad estudiada y sus variaciones, por el conocimiento que va adquiriendo, por las relaciones que establece y por los significados que comparte. La interacción social y contextual existe y se incluye en el propio proceso de indagación, siendo imposible renunciar a ella sin poner en riesgo el propio proceso de investigación. La metodología cualitativa lo que hace es reconocer este supuesto, comprender su alcance y sus consecuencias (Delgado y Gutiérrez, 1995).

Por otra parte, si queremos pasar de la visión utilitarista, mecanicista y técnica de las manifestaciones observables de los fenómenos, al mundo de las representaciones subjetivas para comprenderlas, será necesario penetrar más allá de lo que permite un instrumento objetivo de aplicación distante. En este sentido, los fenómenos educativos interesan al investigador en relación con la importancia y condiciones que representan para las personas que los viven. De hecho, no se alcanza la comprensión del mundo de los significados si no existe auténtico conocimiento de los procesos latentes, ocultos y subterráneos que caracterizan a la vida social de los grupos y personas. Así, para el enfoque interpretativo, la contaminación mutua del investigador y la realidad es una condición indispensable para alcanzar la comprensión del intercambio de significado. El proceso de investigación exige la vivencia prolongada en el ámbito de la realidad natural donde se producen los fenómenos, cuyo sentido queremos comprender, así como la utilización de métodos e instrumentos de análisis y comprensión que buceen más allá de las manifestaciones observables. Por ejemplo, bien conocido es el proceso investigador de la doctora Jane Goodall, etóloga que revolucionó el conocimiento sobre las interacciones sociales y familiares de los chimpancés gracias a su estudio etnográfico de sesenta años de duración en el que ella misma convivió con los primates.

En esta visión paradigmática, además de la interpretación y comprensión de los fenómenos, se propone la construcción de los significados de manera contextualizada. Conviene recordar en este momento del argumento la idea de Cronbach (1975) de que la validez de las generalizaciones decae con el tiempo, de modo que estas pasan a ser más historia que ciencia. En Ciencias Sociales los resultados de la investigación son siempre provisionales y probabilísticos, restringidos a un espacio y a un tiempo determinados y, en todo caso, interpretables de manera específica en cada contexto singular. Los fenómenos sociales y educativos existen, sobre todo, en la mente de las personas y en la cultura de los grupos que interaccionan en la sociedad o en el aula. No se pueden comprender a menos que entendamos los valores e ideas de quienes participan en ellos (Gimeno-Sacristán y Pérez-Gómez, 2008). Aunque en los fenómenos educativos podamos encontrar pautas comunes, elementos convergentes como aspectos que se repiten, o generalizaciones que se extraigan de su comprensión, las decisiones y estrategias no pueden aplicarse mecánicamente. La perspectiva interpretativa no niega, por tanto, la existencia de aspectos comunes; la posibilidad de identificar patrones compartidos de comportamiento, comprensión y sensibilidad; incluso la conveniencia de establecer categorías a partir de los atributos definitorios de personas, grupos o comportamientos. Lo que sí rechaza es la idea de que tales patrones o categorías constituyan toda la realidad, e incluso que cualquier realidad social pueda ser comprendida al reducirla a una categoría. Las realidades sociales e individuales siempre presentan matices diferenciales, aspectos específicos que caracterizan a las situaciones como acontecimientos o comportamientos puntuales. Por ello, la comprensión de su identidad exige la atención tanto a los aspectos comunes como a los matices singulares que maticen cualquier clasificación o categoría.

El enfoque interpretativo en la Didáctica parte de una utilización siempre hipotética y contextual del conocimiento adquirido en la investigación educativa, presuponiendo la singularidad de las situaciones de enseñanza y aprendizaje. El foco no se pone en la técnica o instrumento didáctico que hay que utilizar, sino en las interacciones educativas que surgen de su uso, que siempre tienen algo de imprevisibles. Una de las conclusiones es que, desde esta perspectiva, la teoría no dicta directamente la práctica. Dentro de este enfoque, los conocimientos teóricos tienen un valor instrumental y se conciben como herramientas conceptuales útiles para guiar la práctica, pero adquieren su significación y potencialidad dentro de un proceso discursivo de intervención concreta en la realidad. Lo verdaderamente significativo es la relevancia del proceso dialógico y su potencial para penetrar en las circunstancias concretas que componen cada realidad educativa (Doyle, 1981). Como ya se ha indicado anteriormente, se considera que estas relaciones poseen siempre un matiz singular en virtud del contexto y de la historia próxima del sistema, centro o aula cuya vida queramos entender.

La cuestión es: ¿se busca desarrollar «una» teoría de la enseñanza válida para la mayoría de las situaciones o tantas teorías como situaciones distintas de enseñanza existan? Esto último, en realidad, sería como afirmar que es imposible construir Teoría sobre la enseñanza. Este dilema nos lleva al tradicional debate entre arte-ciencia como patrimonio común y permanente del debate didáctico. Puesto que la «enseñanza» es el concepto básico de la Didáctica, revierte sobre ella la misma dialéctica epistemológica (entre el saber y el hacer, entre el establecimiento de reglas generales y la especificación de estrategias particulares dependientes de los contextos) que se produce al hablar en general de la Didáctica. Durante mucho tiempo predominó un planteamiento normativo y técnico, fundamentado en el positivismo que se ha desarrollado en el anterior epígrafe. Se trataba de clarificar y dictar cómo había que enseñar para que los docentes supieran qué métodos, técnicas y recursos utilizar. Sin embargo, la perspectiva artística de la docencia aportó el carácter habilidoso y particular a la docencia y la aceptación de los estilos docentes, con la revalorización de las emociones, los intereses, los valores y la propia personalidad de quienes ejercen la enseñanza.

Sin duda, la enseñanza tiene características que la vinculan con la actividad artística, pero no puede entenderse como una acción improvisada, puramente dependiente de cada situación o protagonista, porque significaría un retorno a la etapa precientífica de la pedagogía. Una aproximación viable es la interesante aportación de Kuethe (1979) al afirmar que la variabilidad en las aplicaciones no implica necesariamente el caos, ni sea imposible formular reglas. Por ejemplo, un carpintero aprende a tratar el roble de manera distinta a como trabaja con madera de pino, y esa diferenciación no está reñida con su modo general de trabajar la madera. Tal vez aprenda que la misma sierra tiene que usarla con distinta fuerza o modificando el ángulo de la incisión según el tipo de madera que use. Del mismo modo, el docente puede saber que un tipo de elogio activa mejor el aprendizaje de un estudiante y que otros niños/as necesitan distintos modos de motivación o incentivo. La idea de Kuethe es interesante porque resulta práctica a la hora de teorizar. El propósito sería la construcción de conocimiento que genere un «plan general de trabajo» que trascienda la diversidad y aporte versatilidad de estrategias, soluciones, respuestas, etc. Desde esta perspectiva, una propuesta curricular debería ser suprasituacional, que no es lo mismo que general; y aportar «pequeñas teorías» viables en distintos contextos situacionales, abiertas pero fundamentadas, rigurosas y con posibilidad de implementarse desde un planteamiento artístico. En definitiva, la visión socioconstructiva de la Didáctica, fundamentada en el paradigma hermenéutico o interpretativo, ha de ser capaz de permitirnos captar tanto lo que las situaciones educativas tienen en común como lo que tienen de particular y propio.

5. La teoría crítica como discurso ético y transformador del currículo

La ética forma parte intrínseca en esta línea paradigmática que es la teoría crítica, por lo que su principal característica consiste en incluir totalmente los valores y la situación histórica en el proceso de investigación. No es un paradigma diferente, sino una corriente que, desde los mismos fundamentos de partida del paradigma interpretativo, aporta una visión más democrática y emancipadora a la enseñanza. Así pues, hay una inclinación moral intencionada en las acciones de generar conocimiento. La voz del investigador es la de un «intelectual transformador» que se enfrenta a su ignorancia mediante un acto de expandir su conciencia y de facilitar la misma apertura en el resto de los individuos. El propósito es cambiar el estado actual de las cosas, su naturaleza, desde el *insight* (Guba y Lincoln, 2002).

La teoría crítica se basa fundamentalmente en el discurso dialéctico. La dialéctica empleada por la Teoría Crítica de la educación trata de iluminar los procesos sociales y educativos, mostrando cómo los dualismos limitan nuestra comprensión auténtica de los fenómenos. Sus postulados plantean que todas las oposiciones dualistas entre los paradigmas vigentes nos llevan a las contradicciones y que las ideas o posturas dualmente opuestas, en la realidad, interactúan en los procesos reales. Otra característica de la Teoría Crítica es la perspectiva de participación democrática o comunitaria, dar cancha a todos los implicados en el medio educativo para que tomen decisiones. La educación se dirige a facilitar la autonomía y la libertad racionales que emancipan a las personas de las ideas falsas, como de las formas de comunicación distorsionadas, las formas coercitivas de relación social. Es el primer paso para desembocar en la praxis transformadora que muchos docentes reclaman (McLaren, 2000).

En la elaboración del currículo, de acuerdo con el enfoque crítico, está comprometido el profesorado que se concibe a sí mismo producto y productor de ideología. Por tanto, este es un requisito claro de participación democrática que no aparece en los planteamientos técnicos y constructivistas. El estudio sobre el currículo no puede prescindir de esta realidad que viene a insistir en que las bases del currículo están en el mismo devenir de la sociedad. En definitiva, la educación y la formación del profesorado adolecen de un marcado carácter político. Las consecuencias de los vínculos entre educación y economía son una concreción más estrecha del currículo, centrado en la rendición de cuentas, y una visión de los docentes como actores clave para aumentar la competitividad global y las políticas neoliberales de un país (Loughran y Hamilton, 2016). La ampliación de contenidos curriculares y la innovación digital están, además, virtualizando los procesos educativos y transformando la formación del profesorado. Existen actualmente infraestructuras digitales dedicadas a la formación que resultan muy sostenibles y eficientes para aumentar la accesibilidad al conocimiento y la calidad en los procesos instruccionales. Sin embargo, hay competencias como la gestión emocional, la comunicación, el liderazgo, etc., que necesitamos aprender en escenarios *humanizados*. Gracias a ellas, la naturaleza humana y el desarrollo social se fortalecen, por lo que es imprescindible el contacto en vivo para aprenderlas. Estas y otras consideraciones sobre las modas educativas y el propio concepto de innovación en sí mismo reactivan constantemente y sitúan en la actualidad el debate epistemológico que se ha estructurado en este capítulo.

6. La función docente desde el paradigma de la complejidad

Es una preocupación universal y tradicional del hombre encontrar una perspectiva teórica desde la que situarse en el mundo, que ofrezca un esquema desde el que poder comprender las diversas formas de sentir, pensar y actuar del ser humano. El Paradigma de la Complejidad orienta el modo de acercarse a conocer la realidad y la adquisición de criterios para tomar lugar e intentar cambiarla. Parte de una opción ideológica orientadora de valores, pensamiento y acción. Reúne aportaciones de campos muy diferentes que asumen una matriz ética propia, una perspectiva de la construcción del conocimiento y cierta línea de acción (Bonil, Sanmartí, Tomás y Pujol, 2021). La educación debe facilitar a las personas elementos para reconstruir sentimientos, pensamientos y acciones alternativos a los dominantes, aportando a la ciudadanía elementos para la construcción de un mundo más justo y sostenible. A pesar de que hay propuestas educativas que, desde disciplinas distintas, se orientan en esta dirección, se piensa en el Paradigma de la Complejidad como una cosmovisión amplia que permita observar el mundo y elaborar medidas para participar en su evolución, más que como una corriente paradigmática para fundamentar la investigación.

Comparte con la corriente crítica la conceptualización de la educación, al afirmar que esta no se realiza en el vacío, sino en el medio social y cultural de los fenómenos que le son propios. La educación puede entenderse como un elemento de reproducción social y cultural, transmisora de la cultura dominante, pero puede también entenderse como factor transformador del orden social y cultural establecido o predeterminado por las creencias vigentes. Por eso, si se piensa qué tipo de educación se pretende, se debe elegir; no vale cualquier modo de educar y no vale cualquier escala de valores, por mucho que esté respaldada cultural o históricamente. Las primeras referencias al Paradigma de la Complejidad son de Morin (Soto, 1999), en contraposición a lo que él denomina «paradigma de la simplificación». Defiende la necesidad de construir un pensamiento complejo y la importancia de una acción ciudadana que sepa orientarse en el mundo y recuperar los valores de la modernidad.

Morin (2001) explica siete principios básicos que guían el pensamiento complejo, considerándolos complementarios e interdependientes:

1. **El principio sistémico u organizacional** desde el que se estudian las relaciones entre el conocimiento de las partes con el conocimiento del todo.
2. **El principio hologramático,** que incide en que las partes están dentro del todo y el todo está en cada parte.
3. **El principio retroactivo,** que refleja cómo una causa actúa sobre un efecto y, a su vez, este sobre la causa.
4. **El principio recursivo,** que supera la noción de regulación al incluir la de autoproducción y autoorganización.
5. **El principio de autonomía y dependencia** en el que expresa la autonomía de los seres humanos y, en paralelo, su dependencia del medio.
6. **El principio dialógico,** que integra lo antagónico como complementario.
7. **El principio de la reintroducción del sujeto,** que revela la consideración de la incertidumbre en la elaboración del conocimiento, por destacar que todo saber o creencia es una construcción de la mente.

De estos siete principios, y referenciando la ponencia titulada «Los siete saberes necesarios para la educación del futuro» (Morin, 2001), se pueden extraer siete conclusiones que definen la formación idónea para los maestros, futuros educadores de las generaciones que vendrán:

— Apertura a nuevas ideas en conjunto, evitando aferrarse a ideas aceptadas o preconcebidas por el mero hecho de estar acostumbrados a ellas.

— Entrenamiento de la inteligencia general para resolver problemas, haciendo uso de la multidimensionalidad del conocimiento, desde la complejidad, la peculiaridad de cada contexto y asumiendo una percepción global.

— Asunción y comprensión de que todos tenemos un destino individual y social entrelazados e inseparables, condición común como ciudadanos de la Tierra.

— Identificación de la grave crisis planetaria que nos ha marcado y seguirá imponiéndose en el futuro, siendo capaces de enseñar que todos compartimos un destino común ante los problemas.

— Desarrollo de estrategias de pensamiento frente a la incertidumbre, como fortaleza para afrontar los desafíos y cambiar las expectativas negativas a través de datos parciales que se observen en el proceso.

— Competencia para enseñar a comprender, a tolerar:

— Sólida conciencia ética respecto al género humano, considerando que la persona es individual y, al mismo tiempo, forma parte de una colectividad social y de una especie: la triple realidad.

7. Conclusiones: hacia una visión sistémica de la educación

La armonía e integración de todas las fuerzas que concurren en el espacio pedagógico nos advierte sobre la necesidad de dirigir cualquier actividad o técnica desde el conocimiento científico del efecto que va a producir, sin olvidar que educar es tanto una forma de ser como una tarea práctica. El proceso exclusivamente instructivo puede llevar a la desintegración del saber, de la persona y del sistema mismo; enfrentarse a los problemas de la educación exige conciliar las exigencias científicas con las técnicas y la praxis.

Para realmente conocer la naturaleza del proceso de enseñanza-aprendizaje y teorizar sobre el currículo, no basta determinar las variables principales del espacio pedagógico como estructuras de este, analizando las posibles relaciones y covarianzas a través del diseño de investigación adecuado. Tampoco es suficiente garantizar la eficiencia de cualquier planificación o proyecto, tecnología o recurso educativo. Desde la visión sistémica, no reconocida aún entre los paradigmas vigentes, se entiende que el espacio vital y psicológico en el que se encuentran docentes y discentes se reestructura de una forma global y que cualquier modificación que tenga lugar en alguno de sus componentes supone la variación de todo el sistema. Los elementos particulares del proceso educativo cobran su auténtico sentido en relación con los demás y en su mutua interacción, y nunca de forma aislada.

Bibliografía

ANGUERA, M. T. (2010), «Complementariedad metodológica en la investigación en psicología: del enfrentamiento al *continuum*», *Jornadas de Psicología e intervención psicológica en problemas,* Universidad Pontificia de Salamanca.

BAUTISTA, C. N. P. (2011), *Proceso de la investigación cualitativa. Epistemología, metodología y aplicaciones,* México, Trillas S. A. de C. V.

BERICAT, E. (1998), *La integración de los métodos cuantitativo y cualitativo en la investigación social,* Barcelona, Ariel.

BONIL, J.; SANMARTÍ, N.; TOMÁS, C., y PUJOL, R. M. (2021), «Un nuevo marco para orientar respuestas a las dinámicas sociales: el paradigma de la complejidad», *Investigación en la Escuela,* n.º 53, pp. 5-19, <https://doi.org/10.12795/IE.2004.i53.01>.

CONDE, F (1995), «Las perspectivas metodológicas cualitativa y cuantitativa en el contexto de la historia de las ciencias», en J. M. Delgado y J. Gutiérrez (comps.), *Métodos y técnicas cualitativas de investigación en ciencias sociales,* Madrid, Editorial Síntesis S. A.

COOK, T. D., y REICHARDT, C.S. (1986), *Métodos cualitativos y cuantitativos en investigación evaluativa,* Madrid, Morata.

CRESWELL, J. W. (2005), *Educational Research: Planning, Conducting, and Evaluating Quantitative and Qualitative Research,* 2.ª ed., Upper Saddle River (Nueva Jersey), PrenticeHall.

CRONBACH, L. J. (1975), «Beyond the two disciplines of scientific psychology», *American Psychologist, n.º 30* (2), pp. 116-127.

DELGADO, J. M., y GUTIÉRREZ, J. (coords.) (1995), *Métodos y técnicas cualitativas de investigación en Ciencias Sociales,* Madrid, Síntesis.

DOYLE, W. (1977), «Paradigms for Research on Teacher Effectiveness», *Review of Research in Education,* n.º 5, pp. 163-198.

DOYLE, W. (1981), «Research on classroom contexts», *Journal of Teacher Education,* n.º 32 (6), pp. 3-6.

DOYLE, W. (1990), «Classroom knowledge as a foundation for teaching», *Teacher College Record,* n.º 91 (3), pp. 347-360.

FLICK, U. (2004), *Introducción a la investigación cualitativa,* Madrid, Morata.

GAGE, N. L. (1963), *Handbook of Research on Teaching,* Chicago, Rand McNally.

GIMENO-SACRISTÁN, J. (1982), *La pedagogía por objetivos: obsesión por la eficiencia,* Madrid, Morata.

GIMENO SACRISTÁN, J., y PÉREZ-GÓMEZ, A. I. (2008), *Comprender y transformar la enseñanza,* Madrid, Morata.

GUBA, E. G. (ed.). (1990), *The Paradigm Dialog,* Sage Publications, Inc.

GUBA, E., y LINCOLN, Y. (2002), «Paradigmas en competencia en la investigación cualitativa», en C. Denman y J. A. Haro (coords.), *Por los rincones. Antología de métodos cualitativos en la investigación social,* Mexico, El Colegio de Sonora.

HERNÁNDEZ, R.; FERNÁNDEZ, C., y BAPTISTA, P. (2014), *Metodología de la investigación,* 6.ª ed), México, McGraw Hill.

HERRÁN, A.; HASHIMOTO, E., y MACHADO, E. (2005), *Investigar en educación. Fundamentos, aplicación y nuevas perspectivas,* Madrid, Editorial Dilex.

KUETHE, J. (1979), *Los procesos de enseñar y aprender,* Barcelona, Paidós.

LATORRE, A.; DEL RINCÓN, D., y ARNAL, J. (2021), *Bases metodológicas de la investigación educativa,* Barcelona, Ediciones Experiencia.

LOUGHRAN, J., y HAMILTON, M. L. (eds.) (2016), *International Handbook of Teacher Education,* Singapur, Springer Science and Business Media.

McLAREN, P. (2000), *Pedagogía crítica, resistencia cultural y la producción del deseo,* Buenos Aires, Aique.

MEDINA, A., y SEVILLANO, M. L. (1991), *El currículum: fundamentación, diseño, desarrollo y evaluación. Unidades didácticas,* Madrid, UNED.

MORIN, E. (2001), *Los siete saberes necesarios para la educación del futuro,* Barcelona, Paidós.

MOULINES, C. U. (2015), *Popper y Kuhn - Dos gigantes de la filosofía de la ciencia del siglo xx,* Argentina, S. H. A.

QUINTANA-CABANAS, J. M. (1989), *Sociología de la educación,* Madrid, Dykinson.

REICHARDT, C. S., y COOK, T. D. (1982), «Más allá de los métodos cualitativos versus los cuantitativos», *Studies in Psychology,* n.º 11, pp. 40-55.

RUIZ-CORBELLA, M. (1999), «La educación para la ciudadanía europea en la formación del profesorado. Una propuesta», *Revista Interuniversitaria de Formación del Profesorado, continuación de la antigua Revista de Escuelas Normales (RIFOP),* n.º 35, pp. 103-114.

SÁNCHEZ-GÓMEZ, M. C. (2015), «Metodología de investigación en pedagogía social. Avance cualitativo y modelos mixtos», *Pedagogía Social Revista Interuniversitaria,* n.º 25, monográfico, pp. 21-34.

SANTOS-GUERRA, M. Á. (2008), *La pedagogía contra Frankenstein. Y otros textos frente al desaliento educativo,* Barcelona, Editorial Graó.

SOTO, M. (1999), *Edgar Morin. Complejidad y sujeto humano,* tesis doctoral, Universidad de Valladolid.

TONUCCI, F. (2008), *La maquinaria escolar,* Madrid, Centro de Documentación Crítica.

VALLE, J. (2018), *El triunfo de la inteligencia sobre la fuerza: una ética del diálogo,* Sevilla, CulBuks.

ZABALZA, M. Á. (1987), *Diseño y desarrollo curricular,* Madrid, Narcea.

Práctica

1. Actividad para comprender el modelo de Guba (1990): ontología, epistemología y método

a) El proceso de análisis epistemológico lo vamos a centrar en un OBJETO de conocimiento concreto: *«El proceso de aprendizaje que yo, como maestro/a diseño y programo para mi aula».*

b) Analizamos la CUESTIÓN ONTOLÓGICA: ¿Cuál es la naturaleza de nuestro objeto de conocimiento? ¿Cómo es su realidad para que podamos evaluarla y mejorarla? Para poder comprender en profundidad la cuestión ontológica, lo que hacemos es descomponer el objeto de estudio en cosas más concretas y que podamos observar, describir, interpretar y, en caso necesario, cambiar. Lo hacemos mediante lluvia de ideas sobre…

— Cuál es y cómo es el contexto social del alumnado en el nivel familiar.
— Cuál es y cómo es el contexto del centro (recursos, barrio, comunidad…).
— Cómo es la relación del maestro con las familias.
— Cómo es la relación entre el profesorado y con el resto del personal del centro educativo.
— Cómo es la relación con el alumnado (como grupo y a nivel individual).
— Cuál es la relación con el equipo de orientación de zona.
— En qué momento evolutivo se encuentra mi alumnado.
— Qué características psicosociales tiene mi alumnado.
— Qué agrupamientos hay y cómo se organizan espacios y tiempos en el aula.
— Cuántos alumnos/as tengo.
— Qué metodologías didácticas se utilizan en el aula.
— Qué presencia tiene el juego en el aprendizaje y de qué modo.
— Con qué recursos cuento para trabajar en el aula.
— Cómo es la evaluación y para qué evalúo.
— Cuáles son las necesidades individuales de los niños/as de mi aula.
— Qué alumnos/as tienen necesidades específicas de apoyo educativo.
— Cómo me autoevalúo y autogestiono como docente.

c) Analizamos la CUESTIÓN EPISTEMOLÓGICA: ¿De qué naturaleza es la relación entre el investigador y aquello que desea conocer? Esta pregunta se refiere a la intencionalidad del conocimiento; es decir, se plantea si el conocimiento puede existir como algo independiente del observador y con qué intención se investiga. ¿Me interesa encontrar relación entre conductas? ¿Me interesa interpretar una conducta asociada a una situación? ¿Cómo influyo en el proceso de desarrollo psicosocial de mi alumnado? ¿Mi discurso en el aula está reforzando o dañando la autoestima? ¿Cómo es la relación entre mi metodología para enseñar y para evaluar? ¿Cómo selecciono los recursos que utilizo?

d) Analizamos la CUESTIÓN METODOLÓGICA: ¿De qué manera se deberá proceder para acceder al conocimiento sobre todas las cuestiones del punto (b)? ¿Con qué estrategias e instrumentos podré indagar sobre mi manera de evaluar? ¿Cómo puedo detectar errores en mi modo de comunicarme con las familias? ¿Estoy utilizando bien los registros de datos observacionales y son ajustados a la edad con la que trabajo?

2. Actividad para repasar los paradigmas y las características asociados que fundamentan los distintos enfoques curriculares.

Relaciona cada paradigma con su **teoría curricular** y con las características del currículo siguiendo el ejemplo resuelto.

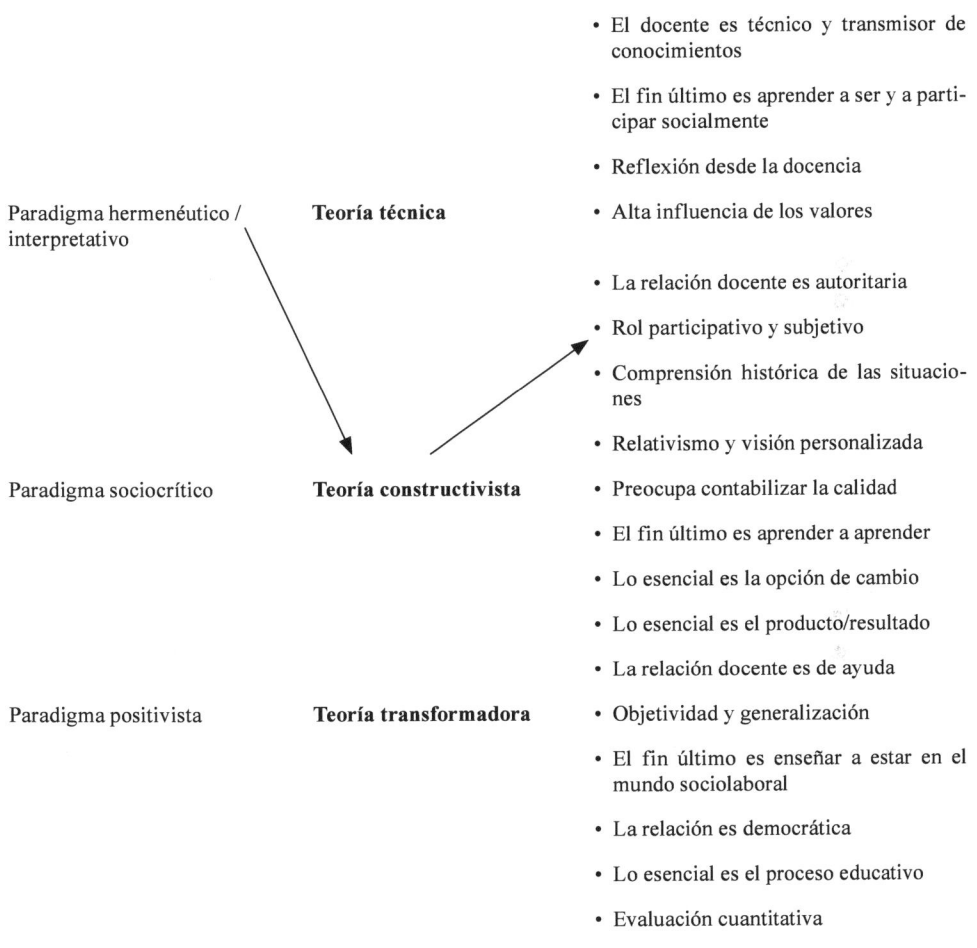

- El docente es técnico y transmisor de conocimientos

- El fin último es aprender a ser y a participar socialmente

- Reflexión desde la docencia

Paradigma hermenéutico / interpretativo   **Teoría técnica**   - Alta influencia de los valores

- La relación docente es autoritaria

- Rol participativo y subjetivo

- Comprensión histórica de las situaciones

- Relativismo y visión personalizada

Paradigma sociocrítico   **Teoría constructivista**   - Preocupa contabilizar la calidad

- El fin último es aprender a aprender

- Lo esencial es la opción de cambio

- Lo esencial es el producto/resultado

- La relación docente es de ayuda

Paradigma positivista   **Teoría transformadora**   - Objetividad y generalización

- El fin último es enseñar a estar en el mundo sociolaboral

- La relación es democrática

- Lo esencial es el proceso educativo

- Evaluación cuantitativa

CAPÍTULO 2
Marco curricular para la educación primaria: la LOMLOE y los nuevos elementos del currículo

Marta Mauri Medrano

1. Marco curricular para la educación primaria: la LOMLOE y los nuevos elementos del currículo

Es una paradoja que una noción como «currículo», que debería servir para aclarar la naturaleza y el alcance de la escolaridad, se haya convertido en un problema de definición (Bolívar, 2008, p. 132). El concepto de «currículo» es polisémico, susceptible de ser reconstruido en distintos niveles y campos. Como ya indicó Walker (1982), «el currículo es muchas cosas para llegar a mucha gente». En su sentido más amplio, se refiere al proceso educativo como un todo, pero desde una visión más específica se suele identificar con cursos o contenidos para una etapa educativa. Estas múltiples caras del concepto de «currículo» pueden representar inconvenientes para su conceptualización; también esta ambigüedad tiene su lado positivo: poder repensar la realidad educativa desde múltiples perspectivas, posibilitando comprenderla de un modo complejo (Fernández- Enguita, 2016).

El currículo, según Bolívar (2008, p. 134), se refiere a todo el «conjunto de experiencias, de fenómenos educativos y de problemas prácticos, donde el profesorado ejerce su práctica profesional y el alumnado vive su experiencia escolar». Es cierto que, como partida general, currículo es todo aprendizaje que es planificado por la institución escolar, dentro o fuera de la escuela. Por eso, para entender las distintas realidades curriculares, se suele distinguir el currículo como campo de estudio y los diferentes fenómenos o realidades curriculares, mediados ambos por un conjunto de procesos.

El «currículo» es un concepto que, si bien es cierto que no acoge bajo su paraguas a toda la realidad de la educación, sí que se ha convertido en uno de los núcleos de significación más densos y extensos para comprenderla en el contexto social, cultural; entender las diversas formas en las que se ha institucionalizado (Gimeno Sacristán, 2008). No solo es un concepto teórico, útil para explicar ese mundo abarcado, sino que se constituye en una herramienta de regulación de las prácticas pedagógicas.

Las distintas dimensiones del currículo pueden agruparse en una doble concepción curricular (Bolívar, 2008, p. 146):

> *a)* El currículo como *intención* o pretensiones educativas, expresadas en contenidos, productos o documentos y planes de estudio.
> *b)* El currículo como realidad: experiencias educativas relevantes vividas, en el curso de la vida o en los procesos educativas.

Como *intención,* se materializa técnicamente en un currículo oficial; como realidad, se configura con las prácticas que proporcionan oportunidades de aprendizaje concretas. Así, podemos conceptualizar el currículo de las dos formas, como plan, preinscripción, etc., y como lo que es enseñado en las escuelas (Hargreaves y Fullan, 2014).

1.1. Fuentes del currículo

La planificación curricular debe dar respuesta a cuestiones del tipo qué, cómo y cuándo enseñar y qué, cómo y cuándo evaluar (Ruiz, 2000). Esa respuesta se articula a partir de información específica que proporcionan las fuentes del currículo: fuente psicológica, fuente sociológica, fuente pedagógica y fuente epistemológica. El conocimiento de estas fuentes es fundamental, pues la información que estas aportan enriquece el trabajo del equipo docente.

La **fuente psicológica**: se relaciona con los procesos cognitivos y de aprendizaje de los alumnos y las alumnas. El conocimiento de los diferentes ritmos de aprendizaje y los procesos cognitivos ofrece al currículo un marco indispensable acerca de las posibilidades y modelos de enseñanza; cuándo aprender, qué es posible aprender en cada momento y cómo aprenderlo.

La **fuente sociológica**: se refiere a las demandas sociales y culturales acerca del sistema educativo, a los contenidos de conocimientos, procedimientos, actitudes y valores que contribuyen al proceso de socialización de los alumnos, a la asimilación de los saberes sociales y del patrimonio cultural de la sociedad. El currículo ha de recoger la finalidad y funciones sociales de la educación, intentando asegurar que los alumnos lleguen a ser miembros activos y responsables de la sociedad a la que pertenecen. Cada sociedad tiene unas demandas específicas acerca de lo que se espera de la escuela. Esas demandas se vinculan a funciones sociales importantes, tales como la socialización de las nuevas generaciones y su preparación para la vida adulta (Ruiz, 2000, p. 81).

La **fuente pedagógica** recoge tanto la fundamentación teórica existente, como la experiencia educativa adquirida en la práctica docente. La experiencia acumulada, a lo largo de los últimos años, también en otros países, constituye una fuente insustituible de conocimiento curricular. En concreto, el desarrollo curricular en el aula, en la docencia real de los profesores, proporciona elementos indispensables para la elaboración del currículo en las fases de diseño y posterior desarrollo (Sosa y Valverde, 2020).

La **fuente epistemológica** se refiere a los conocimientos científicos que integran las correspondientes áreas o materias curriculares. La metodología, estructura interna y estado actual de conocimientos en las distintas disciplinas científicas, así como las relaciones interdisciplinares entre estas, realizan también una aportación decisiva a la configuración y contenidos del currículo (Nussbaum, 2012).

1.1.1. Currículo LOMLOE en Educación Primaria

La estructura curricular de las diferentes etapas educativas cambia considerablemente con la **Ley Orgánica 3/2020, del 29 de diciembre, por la que se modifica la Ley Orgánica 2/2006, del 3 de mayo, de Educación (Lomloe).** Aparecen nuevas áreas, se restablecen los antiguos ciclos, se imponen nuevas competencias clave, se eliminan los estándares de aprendizaje y se incluyen nuevos elementos, como el perfil de salida, entre otros muchos cambios.

La Educación Primaria se regirá también por lo dispuesto en el **Real Decreto 157/2022, del 1 de marzo, por el que se establecen la ordenación y las enseñanzas mínimas de la Educación Primaria.** La Educación Primaria es una etapa educativa que constituye, junto con la Educación Secundaria Obligatoria y los Ciclos Formativos de Grado Básico, la Educación Básica.

La finalidad de la Educación Primaria es facilitar a los alumnos y las alumnas los aprendizajes de la expresión y comprensión oral, la lectura, la escritura, el cálculo, las habilidades lógicas y matemáticas, la adquisición de nociones básicas de la cultura y el hábito de convivencia, así como los de estudio y trabajo, el sentido artístico, la creatividad y la afectividad, con el fin de garantizar una formación integral que contribuya al pleno desarrollo de su personalidad, y de prepararlos para cursar con aprovechamiento la Educación Secundaria Obligatoria.

Destaca como novedad la mención, entre los principios generales de la etapa, de las medidas organizativas, metodológicas y curriculares regidas por los principios del Diseño Universal para el Aprendizaje (DUA).

Además, como principios pedagógicos, aparecen:

- Los aprendizajes que tengan carácter instrumental para la adquisición de otras competencias recibirán especial consideración.
- Se potenciará el aprendizaje significativo, que promueva la autonomía y la reflexión.
- Con objeto de fomentar la integración de las competencias, se dedicará un tiempo del horario lectivo a la realización de proyectos significativos para el

alumnado y a la resolución colaborativa de problemas, reforzando la autoestima, la autonomía, la reflexión y la responsabilidad.

1.1.2. Objetivos en el currículo Lomloe de Primaria

Los objetivos educativos son los logros que se espera que el alumnado haya alcanzado al finalizar la etapa y cuya consecución está vinculada a la adquisición de las competencias clave.

La Educación Primaria contribuirá a desarrollar en los niños y niñas las capacidades que les permitan:

A) Conocer y apreciar los valores y las normas de convivencia, aprender a obrar de acuerdo con ellas de forma empática, prepararse para el ejercicio activo de la ciudadanía y respetar los derechos humanos, así como el pluralismo propio de una sociedad democrática.

B) Desarrollar hábitos de trabajo individual y de equipo, de esfuerzo y de responsabilidad en el estudio, así como actitudes de confianza en sí mismo, sentido crítico, iniciativa personal, curiosidad, interés y creatividad en el aprendizaje, y espíritu emprendedor.

C) Adquirir habilidades para la resolución pacífica de conflictos y la prevención de la violencia, que les permitan desenvolverse con autonomía en el ámbito escolar y familiar, así como en los grupos sociales con los que se relacionan.

D) Conocer, comprender y respetar las diferentes culturas y las diferencias entre las personas, la igualdad de derechos y oportunidades de hombres y mujeres y la no discriminación de personas por motivos de etnia, orientación o identidad sexual, religión o creencias, discapacidad u otras condiciones.

E) Conocer y utilizar de manera apropiada la lengua castellana y, si la hubiere, la lengua cooficial de la comunidad autónoma y desarrollar hábitos de lectura.

F) Adquirir en, al menos, una lengua extranjera la competencia comunicativa básica que les permita expresar y comprender mensajes sencillos y desenvolverse en situaciones cotidianas.

G) Desarrollar las competencias matemáticas básicas e iniciarse en la resolución de problemas que requieran la realización de operaciones elementales de cálculo, conocimientos geométricos y estimaciones, así como ser capaces de aplicarlos a las situaciones de su vida cotidiana.

H) Conocer los aspectos fundamentales de las Ciencias de la Naturaleza, las Ciencias Sociales, la Geografía, la Historia y la Cultura.

I) Desarrollar las competencias tecnológicas básicas e iniciarse en su utilización, para el aprendizaje, desarrollando un espíritu crítico ante su funcionamiento y los mensajes que reciben y elaboran.

J) Utilizar diferentes representaciones y expresiones artísticas e iniciarse en la construcción de propuestas visuales y audiovisuales.

K) Valorar la higiene y la salud, aceptar el propio cuerpo y el de los otros, respetar las diferencias y utilizar la educación física, el deporte y la alimentación como medios para favorecer el desarrollo personal y social.

L) Conocer y valorar los animales más próximos al ser humano y adoptar modos de comportamiento que favorezcan la empatía y su cuidado.

M) Desarrollar sus capacidades afectivas en todos los ámbitos de la personalidad y en sus relaciones con las demás personas, así como una actitud contraria a la violencia, a los prejuicios de cualquier tipo y a los estereotipos sexistas.

N) Desarrollar hábitos cotidianos de movilidad activa autónoma saludable, fomentando la educación vial y actitudes de respeto que incidan en la prevención de los accidentes de tráfico.

1.1.3. Competencias clave en el currículo Lomloe de Primaria

Las Competencias Clave recogidas en el nuevo diseño curricular Lomloe de la Educación Primaria son las establecidas mediante la Recomendación del Consejo de la Unión Europea del 22 de mayo de 2018.

Dichas competencias son las siguientes:
- Competencia en comunicación lingüística
- Competencia plurilingüe
- Competencia matemática y competencia en ciencia, tecnología e ingeniería
- Competencia digital
- Competencia personal, social y de aprender a aprender
- Competencia ciudadana
- Competencia emprendedora
- Competencia en conciencia y expresión culturales

1.1.4. Ciclos y áreas en el currículo Lomloe de Primaria

El nuevo currículo LOMLOE de la Educación Primaria comprende tres ciclos, de dos años académicos cada uno, y se organiza en áreas que tendrán un carácter global e integrador, estando orientadas al desarrollo de las competencias del alumnado. Estos ciclos podrán organizarse en ámbitos.

Las áreas pasan a ser:
- Conocimiento del Medio natural, social y cultural, que se podrá desdoblar en Ciencias de la Naturaleza y Ciencias Sociales
- Educación Artística, que se podrá desdoblar en Educación Plástica y Visual, por una parte, y Música y Danza, por otra

- Educación Física
- Lengua Castellana y Literatura y, si la hubiere, Lengua propia y Literatura
- Lengua Extranjera
- Matemáticas

Se añadirá en alguno de los cursos del tercer ciclo el área de Educación en Valores cívicos y éticos, que incluirá contenidos referidos a la Constitución española, al conocimiento y respeto de los Derechos Humanos y de la Infancia, a la educación para el desarrollo sostenible y la ciudadanía mundial, a la igualdad entre hombres y mujeres, al valor del respeto a la diversidad y al valor social de los impuestos, fomentando el espíritu crítico y la cultura de paz y no violencia.

Las Competencias Clave se definen en la Lomloe como los desempeños que se consideran imprescindibles para que el alumnado pueda progresar con garantías de éxito en su itinerario formativo, y afrontar los principales retos y desafíos globales y locales.

Las competencias clave aparecen recogidas en el «perfil de salida del alumnado» al término de la enseñanza básica y son la adaptación al sistema educativo español de las competencias clave establecidas en la citada Recomendación del Consejo de la Unión Europea, relativa a las competencias clave para el aprendizaje permanente.

1.1.5. Perfil de salida en el currículo Lomloe de Primaria

La nueva Lomloe introduce, desde la etapa de Primaria, un nuevo elemento que tener en cuenta en el desarrollo y diseño curricular: el Perfil de salida.

El Perfil de salida constituye la concreción de los principios y fines del sistema educativo referidos a la educación básica que fundamenta el resto de las decisiones curriculares. El Perfil de salida identifica y define las competencias clave que el alumnado debe haber desarrollado al finalizar la educación básica, e introduce orientaciones sobre el nivel de desempeño esperado al término de la Educación Primaria.

Las enseñanzas mínimas que se detallan en este nuevo Real Decreto para la Educación Primaria tienen por objeto garantizar el desarrollo de las competencias clave previsto en el Perfil de salida.

En el nuevo Real Decreto Lomloe de Primaria vienen detalladas cada una de las competencias clave y el Perfil de salida de las mismas.

1.1.6. Las competencias específicas en el currículo Lomloe de Primaria

Para cada área se definen una serie de competencias específicas. Las competencias específicas vienen definidas como los desempeños que el alumnado debe poder desplegar en actividades o en situaciones cuyo abordaje requiere de los saberes básicos de cada área o ámbito. Las competencias específicas constituyen un elemento de conexión entre, por una parte, el perfil de salida del alumnado y, por otra, los saberes básicos de las áreas o ámbitos y los criterios de evaluación.

Así, las competencias específicas de cada área, que serán comunes para todos los ciclos de la etapa, junto a los criterios de evaluación y los contenidos, enunciados en forma de saberes básicos, se establecerán para cada ciclo en cada una de las áreas que lo componen.

Para adquirir y desarrollar las competencias clave y las competencias específicas, el equipo docente planificará situaciones de aprendizaje.

En la siguiente imagen, se observa la relación entre las competencias específicas del área de Lengua y Literatura (primer ciclo) con sus respectivos criterios de evaluación.

1.1.7. Descriptores operativos en el currículo Lomloe de Primaria

Los descriptores operativos de las competencias clave constituyen, junto con los objetivos de la etapa, el marco referencial a partir del cual se concretan las competencias específicas de cada área, ámbito o materia. Surgen para poder tener una dimensión aplicada de las competencias clave.

Los objetivos generales de la etapa no son evaluables, y las competencias clave tampoco. Estos descriptores que, en su conjunto, delimitan el perfil de salida de cada una de las competencias clave, posibilitan que de la evaluación de las competencias específicas se pueda colegir el grado de adquisición de las competencias clave definidas en el perfil de salida y, por tanto, la consecución de las competencias y objetivos previstos para la etapa.

1.1.8. Los criterios de evaluación en el currículo Lomloe de Primaria

Los criterios de evaluación son referentes que indican los niveles de desempeño esperados en el alumnado en las situaciones o actividades a las que se refieren las competencias específicas de cada área en un momento determinado de su proceso de aprendizaje. Cada una de las competencias específicas vendrá vinculada a una serie de criterios de evaluación para medir su desempeño.

La evaluación del alumnado de Educación Primaria será global, continua y formativa, y tendrá en cuenta el grado de desarrollo de las competencias clave y su progreso en el conjunto de los procesos de aprendizaje.

Se establece que, cuando el equipo docente considere que un alumno no ha alcanzado las competencias previstas, podrá permanecer un año más en el último curso de este ciclo, siendo una medida excepcional que solo se podrá adoptar una vez durante la educación primaria, y que deberá ir acompañada de un plan específico y personalizado de apoyo para la adquisición de las competencias no alcanzadas.

Por otra parte, se establece que cada alumno dispondrá al finalizar la etapa de un informe sobre su aprendizaje, los objetivos alcanzados y las competencias adquiridas.

En el cuarto curso de educación primaria todos los centros realizarán una evaluación de diagnóstico de las competencias adquiridas por sus alumnos que tendrá carácter informativo, formativo y orientador para los centros, para los alumnos y sus familias.

1.1.9. Los saberes básicos en el currículo Lomloe de Primaria

Los saberes básicos son los conocimientos, destrezas y actitudes que constituyen los contenidos propios de un área o ámbito y cuyo aprendizaje es necesario para la adquisición de las competencias específicas.

En la siguiente imagen se puede apreciar la relación entre los saberes básicos que forman parte de cada una de las áreas de la etapa con las distintas competencias específicas, los criterios de evaluación que de ellas se desprenden y los distintos descriptores operativos que marcan el perfil de salida y, por tanto, la identificación de las competencias clave.

1.1.10. Las situaciones de aprendizaje en el currículo Lomloe de Primaria

Las situaciones de aprendizaje son situaciones y actividades que implican el despliegue, por parte del alumnado, de actuaciones asociadas a competencias clave y competencias específicas, y que contribuyen a la adquisición y desarrollo de las mismas.

El desarrollo de las competencias clave del perfil de salida del alumnado al término de la enseñanza básica, que se concretan en las competencias específicas de área de la etapa, se ve favorecido por el desarrollo de una metodología didáctica que reconozca al alumnado como agente de su propio aprendizaje. Para ello es imprescindible la implementación de propuestas pedagógicas que, partiendo de los centros de interés de los alumnos, les permitan construir el conocimiento con autonomía y creatividad desde sus propios aprendizajes y experiencias.

Estas situaciones concretan y evalúan las experiencias de aprendizaje del alumnado y deben estar compuestas por tareas de creciente complejidad, en función de su nivel psicoevolutivo, cuya resolución conlleve la construcción de nuevos aprendizajes. Con ellas se busca ofrecer al alumnado la oportunidad de conectar sus aprendizajes y aplicarlos en contextos cercanos a su vida cotidiana, favoreciendo su compromiso con el aprendizaje propio. Así planteadas, las situaciones de aprendizaje constituyen un componente que, alineado con los principios del Diseño Universal para el Aprendizaje, permite aprender a aprender y sentar las bases para el aprendizaje durante toda la vida fomentando procesos pedagógicos flexibles y accesibles que se ajusten a las necesidades, las características y los diferentes ritmos de aprendizaje del alumnado.

2. Consideraciones finales

Según Luengo *et al.* (2021), las novedades que plantea el nuevo currículo Lomloe abordan una serie de carencias del sistema que sería oportuno analizar con rigor. El nuevo currículo trata de definir situaciones para facilitar el aprendizaje de los saberes indispensables para la ciudadanía del siglo XXI. La actualización beberá de nuevas fuentes (Agenda 2030 y las propuestas de reconceptualización del IBE Unesco que refuerzan el currículo) a la hora de actualizar conocimientos, destrezas y actitudes que se identifican como las tres dimensiones de las competencias.

La nueva ley trata de recuperar el modelo y la gestión del nuevo currículo competencial compartido entre las comunidas autónomas y la Administración central que la propuesta legislativa anterior había roto. Las diferentes Administraciones públicas centrales y autonómicas compartirán decisiones derivadas de la selección de contenidos y el tiempo escolar dedicado a gestionarlos con la colaboración por vez primera de los centros. Las decisiones curriculares, por tanto, serán compartidas por el Ministerio de Educación y Formación Profesional con las comunidades autónomas y por estas con los centros escolares.

No solo de recomendaciones internacionales se nutre la propuesta. Con la atrevida recuperación del discurso competencial LOE y Lomce —cada una en su contexto— trata de validar los dos modelos en conflicto. Se atreve a conciliar el trabajo por contenidos de las materias y el competencial, ya presente en el trabajo por proyectos, de forma que los dos cobren fuerza competencial y parten de situaciones de aprendizaje inclusivas (Luengo *et al.*, 2021).

El marco curricular que se propugna impulsa el desarrollo de proyectos educativos, metodologías, fórmulas organizativas y entornos especialmente inclusivos y lo hace como consecuencia del reconocido aumento de desigualdades educativas, tratando de profundizar en el verdadero sentido del derecho a la educación que en nuestro sistema educativo anuncia indicadores preocupantes de forma persistente (Valle, 2020).

A las incorporaciones descritas, la Lomloe viene a sumar nuevas capas curriculares que vienen a quedarse. La propuesta modelo debe tomar cuerpo y contenido en los años próximos (Moya y Zubilaga, 2020). Su desarrollo tardará en crear base real para la vida de los centros; será necesario tomar de nuevo con paciencia la presencia de discursos alejados que, sin atreverse a crear alternativas de mayor calado a los problemas de nuestro sistema, entretienen el tiempo ganando parcelas de corto alcance. Inmersos en pleno proceso de descalificación, el modelo dará vueltas hasta ir madurando (Luengo *et al.*, 2021).

Con la llegada de la Lomloe, hay un cambio de lenguaje, de discurso, incluso de paradigma, ya que la adopción del lenguaje y uso de unos conceptos u otros no es neutro, sino que tiene que ver con las características de la sociedad en la que se usa (Escamilla, 2011). El conocimiento que es dominante en un momento determinado y las instituciones que lo transmiten mantienen entre sí una singular relación que varía a lo largo de la historia. Si los lenguajes cambian en el ámbito del conocimiento, es porque hay cambios sociales que los demandan (Gimeno Sacristán, 2004, p. 17).

La Lomloe se plantea como objetivo primordial una educación competencial, donde las competencias se proponen como un nuevo lenguaje, tratando de sugerir un significado ligado a la habilidad, la dotación y la destreza *(skills)*. Los lenguajes que versan sobre la educación expresan la diversidad de formas de entenderla, de valorarla y de ponerla al servicio de necesidades no siempre coincidentes. Las diferentes visiones sobre el qué, el cómo y el para qué de la educación nutren la dialéctica sobre la misma, la cual debe tener unos determinados cauces para su contraste en las sociedades democráticas (Bauman, 2002). En las que no lo son, la visión que triunfa es la que impone el poder, camuflado en ocasiones en los lenguajes. Por eso, la primera condición de la educación democrática es la de reconocer que puede ser entendida a través de discursos diversos, aunque haya que reconocerles desigual validez (Einsenberg *et al.*, 2010).

Como plantea Bruner (1996), el aprendizaje relevante es un aprendizaje intencional, consciente de las estrategias exitosas y de las fracasadas. Por ello, una de las características del aprendizaje intencional es que los aprendices asumen la responsabilidad de su aprendizaje; son agentes conscientes de su propio aprendizaje. Podemos apoyar el aprendizaje relevante de los estudiantes, pero no podemos aprender por ellos (Boix, 2011).

La conciencia de las debilidades y fortalezas de las propias competencias introduce el elemento de ruptura necesario en todo proceso de aprendizaje, que desestabiliza los supuestos incuestionables que cada sujeto incorpora al internalizar la cultura y rutinas de su contexto habitual (Coll, 2011).

Primero, las vivencias; después, las formalizaciones, el conocimiento útil es el conocimiento que los estudiantes pueden manejar para comprender la realidad (Pellicer y Ortega, 2009). La implicación supone inmersión en vivencias que progresivamente es necesario analizar, discriminar, formalizar. Todo aprendizaje supone en alguna manera un acto de reinvención; cuando uno se apropia de un contenido ya conocido por otros, en cierta manera siempre lo redefine, lo matiza y lo singulariza, si realmente lo integra en sus vivencias (Pérez y Soto, 2009).

Del mismo modo, la implicación de los estudiantes debe abrirles la oportunidad de utilizar todas las formas de expresión creativa y todas las herramientas de comunicación que ofrece el desarrollo tecnológico actual, para abrir el abanico de sus posibilidades expresivas. La cooperación como estrategia privilegiada tanto para el desarrollo de los componentes cognitivos como de los componentes emotivos y actitudinales de las competencias (Zárate y Jiménez, 2020).

Bibliografía

BAUMAN, Z. (2002), *Modernidad líquida,* Fondo de Cultura Económica de España.

BOIX MANSILLA, V., y JACKSON, A. (2011), *Educating for Global Competence: Preparing Our Youth to Engage the World,* Nueva York, Asia Society.

BOLÍVAR, A. (2015), «Un currículum común consensuado en torno al Marco Europeo de Competencias Clave. Un análisis comparativo con el caso francés», *Avances en Supervisión Educativa,* n.º 23 (junio), pp. 1-35.

BRUNER, J. (1991), *Actos del significado. Más allá de la revolución cognitiva,* Madrid, Alianza.

COLL, C. (2007), «Las competencias en la educación escolar: algo más que una moda y mucho menos que un remedio», *Aula de Innovación Educativa,* n.º 161, pp. 34-39.

EISENBERG, M.; JOHNSON, D., y BERKOWITZ, B. (2010), «Information, Communications, and Technology (ICT) skills curriculum based on the big 6 skills approach to information problem-solving», *Library Media Connection,* pp. 24-27.

ESCAMILLA, A. (2011), *Las competencias en la programación de aula. Educación secundaria (12-18),* Barcelona, Graó.

EUROPEAN UNION (4 de junio de 2018), «Council Recommendation of 22 May 2018 on Key Competences for Lifelong Learning (2018/C 189/01)», *Official Journal of the European Union, C.,* n.º 189, pp. 1-13.

FERNÁNDEZ ENGUITA, M. (2016), *La educación en la encrucijada,* Madrid, Fundación Santillana.

GIMENO SACRISTÁN, J. (comp.) (2008), *Educar por competencias. ¿Qué hay de nuevo?,* Madrid, Morata.

HARGREAVES, A., y FULLAN, M. (2014), *Capital profesional. Transformar la enseñanza en cada escuela,* Madrid, Morata.

IBE-UNESCO (2018), *Curriculum Glossary Terminology,* Ginebra, IBE International Bureau of Education (Unesco).

LEY ORGÁNICA DE EDUCACIÓN (LOE) (2006), Ley Orgánica 2/2006, General de Educación, del 3 de mayo, de Educación, *Boletín Oficial del Estado,* 4 de mayo de 2006.

Ley Orgánica que Modifica la LOE (Lomloe) (2020), Ley Orgánica 3/2020, del 29 de diciembre, por la que se modifica la Ley Orgánica 2/2006, del 3 de mayo.

Ley Orgánica para la Mejora de la Calidad Educativa (Lomce) (2013), Ley Orgánica 8/2013, del 9 de diciembre, para la mejora de la calidad educativa, *Boletín Oficial del Estado,* 10 de diciembre de 2006.

Luengo Horcajo, F.; Hernández-Ortega, J.; Clavijo Ruiz, M., y Gómez Alfonso, J. A. (2021), «Fortalezas y debilidades de la propuesta curricular Lomloe. Proyecto Atlántida», *Avances en Supervisión Educativa,* n.º 35. <https://doi.org/10.23824/ase.v0i35.723>.

Moya, J., y Zubillaga, A. (2020), «Un nuevo currículo para una nueva sociedad», En J. Moya y A. Zubillaga (coords.), *Un currículo para un mundo sostenible,* Madrid, Anaya.

Nussbaum, M. C. (2012), *Crear capacidades. Propuestas Desarrollo Humano,* Barcelona, Paidós.

Pellicer Iborra, C., y Ortega Delgado, M. (2009), *La evaluación de las competencias básicas. Propuestas para evaluar el aprendizaje,* Madrid, PPC.

Pérez Gómez, A. I., y Soto, E. (2009), «Competencias y contextos escolares: implicaciones mutuas», *Organización y Gestión Educativa,* n.º 17(2), pp. 17-21.

Pérez-Pueyo, Á. (2012), «Las competencias básicas desde la programación didáctica a la programación de aula. Una propuesta concreta en el marco del estilo actitudinal», *Revista Española de Educación Física y Deportes,* n.º 398 (3), pp. 35-58.

Ruiz Ruiz, J. M. (2020), *Teoría del currículum: diseño, desarrollo e innovación curricular,* Madrid, Universitas.

Sosa Díaz, M., y Valverde Berrocoso, J. (2020), «Perfiles docentes en el contexto de la transformación digital de la escuela», *Bordón,* n.º 72(1), pp. 151-173, <https://doi.org/10.13042/Bordon.2020.72965>.

Tiana, A. (2011), «Análisis de las competencias básicas como núcleo curricular en la educación obligatoria española», *Bordón,* n.º 63(1), pp. 63-75.

Tiana, A.; Moya, J. y Luengo, F. (2011), «Implementing Key Competences in Basic Education: reflections on curriculum design and development in Spain», *European Journal of Education,* n.º 46(3), pp. 307-322.

Unesco (2017), *Educación para los Objetivos de Desarrollo Sostenible: objetivos de aprendizaje,* <https://unesdoc.unesco.org/ark:/48223/pf0000252423>.

Unesco (2018). *Activating Policy Levers for Education 2030: The Untapped Potential of Governance, School Leadership, and Monitoring and Evaluation Policies,* París, Unesco, <https://unesdoc.unesco.org/ark:/48223/pf0000265951>.

Valle, J. M. (2020), «¿Nuevas competencias para la vida o competencias para una nueva vida? La renovada visión de la Unión Europea en las Competencias Clave 2.0», en J. Moya y J. M. Valle, *La reforma del currículo escolar: ideas y propuestas,* cap. 8, pp. 83-109.

Zárate Flores, A.; Gurieva, n., y Jiménez Arredondo, V. H. (2020), «La práctica holística de las competencias digitales docentes: diagnóstico y prospectiva», *Pensamiento educativo,* n.º 57(1), pp. 1-16.

Práctica

Práctica I
Elementos del currículo:

— Elige una materia de la Orden Curricular DE PRIMARIA y relaciona con coherencia los siguientes elementos del currículo.

OBJETIVOS GENERALES ETAPA	MATERIA y CURSO			
	OBJETIVOS DIDÁCTICOS	SABERES BÁSICOS	COMPETENCIAS	
			CLAVES	ESPECÍFICAS

Práctica II
Situaciones de aprendizaje

— Crea una situación de aprendizaje para un curso de Educación Primaria donde se trabajen TODAS las competencias clave y, al menos, dos competencias específicas del área.

Explica y define una situación de aprendizaje para un curso y área de Educación Primaria:

Plantea los objetivos didácticos de la situación de aprendizaje:

Explica cómo se trabajarán todas las competencias clave:

Explica cómo se trabajarán las competencias específicas elegidas:

CAPÍTULO 3
Hacia sistemas educativos inclusivos que enriquezcan las formas de enseñar y aprender

Sara González Yubero

1. Hacia sistemas educativos inclusivos que enriquezcan las formas de enseñar y aprender

El reconocimiento de la diversidad en educación en los últimos años es un reflejo de la sociedad, caracterizada por la diversidad de culturas, lenguas o situaciones socioeconómicas, entre otras (Frutos *et al.,* 2012). Asimismo se ha producido un cambio hacia el reconocimiento de la variabilidad existente entre las personas, en sus capacidades, motivaciones, ritmos, formas de aprender, etc (Booth y Ainscow, 2015). Si bien es cierto, el igual reconocimiento y la valoración positiva de todas estas diferencias desde la premisa de dignidad y respeto de todos los seres humanos no siempre han estado ahí. Más bien ha ocurrido lo contrario y por eso, en el pasado y en un presente que en muchos momentos y lugares es tremendamente desconcertante, se observan y vivencian con preocupación actitudes supremacistas, racistas, xenófobas, machistas y clasistas de una parte de la población sobre otra (Mitchell, 2017).

En la actualidad, las sociedades contemporáneas están comprometidas con el progreso hacia comunidades con mayor equidad y justicia social, donde las diferencias no sean un factor de riesgo para la exclusión, la discriminación o la desventaja social y educativa. Así, a lo largo de la historia se ha ido configurando un Código Internacional de Derechos Humanos a nivel mundial (1948), destacando entre muchas otras publicaciones la Convención sobre los Derechos de las Personas con Discapacidad (2006) y, finalmente, los Objetivos para el Desarrollo Sostenible (ODS, 2015). La evolución de la atención educativa a la diversidad humana es una historia de superación, de lucha por la equidad y de defensa de los derechos humanos. Si por algo puede y debe caracterizar hoy día la educación es precisamente por el bagaje de solidaridad y justicia social sobre el que se ha cimentado. Todo ello confluye hoy en la esperanza de una sociedad que sea capaz de mantener un desarrollo humano inclusivo y, al mismo tiempo, sostenible.

Para aclarar algunos conceptos, conviene discernir entre diversidad, diferencia y desigualdad (Sánchez-Sainz y García-Medina, 2013):

— La diversidad es el conjunto, la mezcla colectiva de diferencias y similitudes. La diversidad no son los miembros de las minorías, sino la colectividad; es decir, la diversidad somos todos y todas. Hace referencia a la persona tal y como es, y no como nos gustaría o pudiera gustar que fuera.

— Hablar de diferencia implica hacer a alguien diferente de otro tomando como base peculiaridades humanas hegemónicas. Cuando hablamos de hegemonía, se hace referencia a la dominación y mantenimiento de poder que ejerce una persona o grupo sobre otros, imponiendo sus propios valores y creencias ideológicas.

— La diferencia genera desigualdad. La desigualdad es la noción contraria a la igualdad y nos remite al establecimiento de jerarquías entre las personas en función de criterios de distinta índole (diversidad funcional, poder social, económico, género, grupo étnico de pertenencia, etcétera).

1.1. Concepto de educación inclusiva

Desde el contexto educativo, no se pretende que la escuela abogue por la homogeneización de ciertos valores físicos, culturales, sexuales, funcionales…, sino que contemple y ponga en valor la diversidad en su magnitud. Es por ello por lo que se debe partir de la riqueza y de los saberes que aportan todos los alumnos y alumnas para construir una escuela inclusiva de calidad (Pumares y Hernández, 2007). Así, una visión simplificada y fragmentaria de la educación no permitirá responder a las nuevas realidades y desafíos, por lo que la intervención educativa debe afrontarse desde el reconocimiento de su complejidad. Es necesario así utilizar planteamientos o enfoques amplios que reconozcan al ser humano complejo y multifacético, a la vez físico, biológico, psíquico, cultural, social e histórico, como señala Morin (1999), con una identidad a la vez singular y compartida con el resto de los seres humanos. Desde este marco de diversidad, se define el concepto de educación inclusiva y la transformación que esta exige a los contextos educativos.

La Unesco (2005, p. 14) define la educación inclusiva como «un proceso que permite abordar y responder a la diversidad de las necesidades de todos los educandos a través de una mayor participación en el aprendizaje, las actividades culturales y comunitarias, reduciendo la exclusión dentro y fuera del sistema educativo». Lo anterior implica cambios y modificaciones de contenidos, enfoques, estructuras y estrategias basados en una visión común que abarca a todos los niños y niñas en edad escolar y la convicción de que es responsabilidad del sistema educativo educar a todos/as por igual. Así, el objetivo de la inclusión es brindar respuestas apropiadas al amplio espectro de necesidades de aprendizaje, tanto en entornos formales como no formales de la educación. Por tanto, más que un tema marginal que trata sobre cómo integrar a ciertos estudiantes a la enseñanza convencional, representa una perspectiva que debe servir para analizar cómo transformar los sistemas educativos y otros entornos de aprendizaje, con el fin de responder a la diversidad de los estudiantes. El propósito de la educación inclusiva es permitir que los docentes y estudiantes se sientan cómodos/as ante la diversidad y la perciban no como un problema, sino como un desafío y una oportunidad para enriquecer las formas de enseñar y aprender».

Desde este enfoque, la educación inclusiva debe contribuir a eliminar la exclusión social que resulta de las actitudes y las respuestas a la diversidad racial, la clase social, la etnicidad, la religión, el género o las aptitudes, entre otras posibles. Por tanto, se parte de la creencia de que la educación es un derecho humano elemental y la base de una sociedad más justa. En palabras de Echeita y Ascow (2011) se podría decir que:

— La inclusión es un proceso. Es decir, la inclusión ha de ser vista como una búsqueda constante de mejores maneras de responder a la diversidad del alumnado. Se trata de aprender a vivir asumiendo la diferencia como positiva y como un estímulo para fomentar el aprendizaje. Cuando se habla de proceso, se trata de asumir que los cambios sostenibles requieren de tiempo y en el camino puede ser habitual vivenciar situaciones confusas y contradicciones.

— La inclusión busca la presencia, la participación y el éxito de todos los estudiantes. Aquí, el término «presencia» está relacionado con el tipo de centro donde son educados los niños y niñas y con qué regularidad asisten a las clases. Los lugares son importantes, pero de manera interdependiente con las otras dos variables que estamos mencionando: participación y aprendizaje. El término «participación» se refiere a la calidad de sus experiencias mientras se encuentran en la escuela; por lo tanto, debe incorporar los puntos de vista de los propios alumnos, sus «voces» y la valoración de su bienestar personal y social. Por último, el término «éxito» tiene que ver con los resultados de aprendizaje en relación con el currículo de cada país, no solo con los exámenes, o con los resultados de las evaluaciones estandarizadas.

— La inclusión precisa la identificación y la eliminación de barreras. Las barreras son las que impiden el ejercicio efectivo de los derechos y de una educación inclusiva. En general, las barreras son aquellas creencias y actitudes que las personas tienen respecto a este proceso y que se concretan en las culturas, las políticas y las prácticas escolares que, al interactuar con las condiciones personales, sociales o culturales de determinados alumnos/as generan exclusión, marginación o fracaso escolar. Por lo tanto, para mejorar la inclusión, resulta estratégico e imprescindible la recopilación de información y la evaluación para detectar quiénes experimentan tales barreras, en qué planos o esferas de la vida escolar se sitúan y cuáles son, a fin de proyectar planes de mejora en las políticas de educación y la innovación de las prácticas. Por otra parte, se trata de aprovechar las diversas evidencias ya existentes con miras a estimular la creatividad a la hora de modificar las barreras detectadas.

— La inclusión pone particular énfasis en aquellos grupos de alumnos que podrían estar en riesgo de marginalización, exclusión o fracaso escolar. Esto supone asumir la responsabilidad moral de asegurarse de que aquellos grupos de estudiantes vulnerables sean supervisados con atención y se adopten medidas para asegurar su presencia, su participación y su éxito dentro del sistema educativo.

Desde esta perspectiva, uno de los objetivos es favorecer la igualdad de oportunidades proporcionando una educación personalizada que fomente la participación, la solidaridad y la cooperación entre el estudiantado independientemente de las condiciones personales, sociales o culturales de cada uno. Para poder llevar a cabo este objetivo, se necesita de la coordinación de los distintos agentes y entornos formativos comunitarios, potenciando la idea de la escuela como comunidad educativa, ligada al sentido de pertenencia y responsabilidad compartida. Asimismo, es importante tener en cuenta la atención a las condiciones sociofamiliares como uno de los factores que pueden ser origen de desigualdades, potenciando un papel activo de las familias y su responsabilidad compartida con el resto de los agentes y entornos, así como tener en cuenta la diversidad familiar de nuestro alumnado.

Para integrar estas redes de apoyo, es pertinente tener en cuenta que existen valores inclusivos que deberán estar presentes o se podrán ir afianzando a lo largo del proceso; de tal manera en que se consolide una cultura escolar inclusiva con base en el conjunto de normas, símbolos, creencias y valores compartidos por el personal de la escuela (estudiantes, docentes, Consejo Escolar, familias, etc.), proporcionando así la cohesión necesaria entre sus miembros para alcanzar la consecución de objetivos comunes. En esta línea, Booth (2006) destaca ocho valores imprescindibles para fomentar en las comunidades educativas: equidad, derechos, participación, aprendizaje, comunidad, respeto a la diversidad, confianza y sustentabilidad, además de cualidades como la compasión, la honestidad, el coraje y el bienestar en todos participantes. Dichos valores y cualidades están estrechamente relacionados con la cultura personal y la compartida desde el centro escolar, cuestión fundamental para lograr cualquier avance hacia la inclusión educativa.

Finalmente, cabe destacar que desde esta concepción se requiere pensar en la heterogeneidad del alumnado como la característica esencial del grupo. La educación inclusiva exige pues que los docentes planifiquen sus clases de acuerdo con ello, haciéndose imprescindible al mismo tiempo la implementación de una estructura general de centro que sea capaz de proporcionar los recursos humanos y materiales necesarios para dar respuesta a la diversidad.

Para ampliar información al respecto, véase anexo I, donde se hace referencia a la normativa educativa estatal y autonómica vigente en materia de inclusión y se recoge una selección del articulado que debe servir de guía para la planificación y el desarrollo de los procesos de enseñanza-aprendizaje.

2. De la visión a la práctica curricular: planificación y desarrollo de los procesos de enseñanza-aprendizaje en contextos diversos

En este apartado se detallan algunas claves determinantes para planificar el desarrollo de los procesos de enseñanza-aprendizaje en contextos diversos. Antes de comenzar a enumerar las medidas que cualquier centro escolar debe adoptar para dar respuesta a la diversidad del alumnado, es preciso advertir que estas se circunscriben a un diseño de currículo abierto y flexible.

2.1. Principios para el desarrollo del currículo

En cuanto al principio general que los docentes han de tener en consideración a la hora de desarrollar el currículo es que su aplicación se ajuste a la diversidad, ofreciendo de forma justa igualdad de oportunidades para la participación y el aprendizaje de todo el alumnado. Asimismo, se ha de procurar que todo estudiante aproveche al máximo sus posibilidades, sin que nadie quede excluido/a ni a ninguno/a se le impida ir por delante según sus capacidades. Se trata de hacer más flexibles las instituciones escolares, el tiempo de la escolarización, los horarios, las actividades, el diseño de los espacios, etc. Para ello, se hace indispensable disponer de un liderazgo que, desde las altas instancias de la política educativa hasta cada uno de los centros y en cada aula, se promuevan e impulsen estos fines de calidad y justicia.

El currículo debe enfocarse desde un planteamiento educativo global, que potencie la capacidad de autonomía del alumnado haciendo de ellos ciudadanos y ciudadanas responsables y solidarios/as. Para llevar a cabo este proyecto, se necesita la colaboración y coordinación entre Administraciones, padres y madres, alumnos y alumnas, profesorado, movimientos sociales, etc. Asimismo, se requiere la disponibilidad de recursos y medios para trabajar por la igualdad e incrementar la calidad de la enseñanza.

En este punto, Gimeno Sacristán (2011, p. 56) ofrece diferentes principios clave para tener en consideración por parte del profesorado a la hora de desarrollar el currículo:

a) Aprovechar las variadas fuentes de información que ofrece la sociedad del conocimiento: escritos, imagen, sonido, etc., para salir de las limitaciones del libro de texto.

b) Considerar la vida cotidiana y los recursos del medio cercano para relacionar la experiencia del alumnado con los aprendizajes escolares.

c) Organización globalizada de los contenidos en unidades complejas que exijan la coordinación de profesores fomentando la docencia en equipo. Asimismo, hacer conexiones interdisciplinares de contenidos juntando actividades en unidades temáticas de una cierta complejidad y duración en su desarrollo.

d) Proporcionar variadas formas de representación y expresión en las realizaciones o trabajos del alumnado.

e) La motivación hacia los contenidos y actividades no es algo que se pueda dar por supuesto ni surge normalmente de forma espontánea; hay que provocarla con una enseñanza interesante. Es preciso buscar y promover las motivaciones permanentes hacia el aprendizaje y las actitudes positivas hacia la cultura, como forma de enseñar a aprender a querer aprender.

f) Explotar todos los tipos de aprendizajes posibles en cada unidad: conocimientos, habilidades, hábitos, adquisición de actitudes y valores.

g) Cultivar las virtudes o hábitos intelectuales como la apertura, fundamentar la opinión, contraste dialogado de opiniones, empeño en la búsqueda de la verdad, provisionalidad y relatividad del saber que se reconstruye constantemente.

h) Ejercicio de virtudes sociales como la tolerancia, la cooperación y la ayuda.

i) Atención a necesidades de compensación inmediata y como estrategia de vigilancia continua: evitar lagunas, reforzar competencias básicas.

j) Reconocimiento y estímulo de los valores, opiniones y manifestaciones de la individualidad y la autonomía de las personas menores, dentro de un orden presidido por el respeto a los demás y a la necesidad de un ambiente de trabajo productivo y motivador.

k) Continuidad curricular a lo largo de períodos, ciclos y grados, así como respeto a la progresividad de los niveles de exigencia, de acuerdo con las necesidades individuales.

l) Los centros educativos no son los únicos recintos donde se conecta con la cultura o la información aprovechable en el desarrollo del currículo.

2.2. Recomendaciones para que los contenidos sean nutrientes de las capacidades

Los sistemas educativos afrontan en las democracias actuales dos grandes retos que están íntimamente relacionados: por un lado, consolidar una escuela comprensiva que permita el máximo desarrollo de las capacidades de cada persona, respetando la diversidad y asegurando la equidad de acceso a la educación y compensando las desigualdades; por otro, favorecer la formación de sujetos autónomos, capaces de tomar decisiones informadas sobre su propia vida y de participar de manera autónoma en la vida profesional y social. En esta línea, se detallan las recomendaciones para que los contenidos curriculares se trabajen de forma enriquecedora y potencien las capacidades de todo el alumnado (Gimeno Sacristán, 2011, p. 56):

a) Consideración amplia de los contenidos esenciales y relevantes de los diferentes campos culturales del saber, la tecnología, las artes y las formas de expresión y comunicación.

b) Considerar las materias en la medida de lo posible como territorios controvertidos.

c) Establecer las conexiones interdisciplinares posibles entre las áreas y asignaturas.

d) Desarrollar competencias transversales, como la lectura, los hábitos de trabajo, etc., que capaciten para el conocimiento y análisis de las variadas actividades humanas y modos de vida.

f) Concienciación sobre temas y problemas que afectan a todos/as en un mundo globalizado: el orden mundial, el hambre, el agotamiento de los recursos, la superpoblación, la contaminación, la desigualdad, la emigración, etcétera.

g) Adoptar una perspectiva pluricultural en todos los contenidos cuando sea posible, teniendo en consideración múltiples aportaciones y concienciando acerca de la diversidad humana, con base en el respeto y tolerancia a las diferencias.

h) Analizar y valorar las contribuciones más señaladas al progreso humano (la vela, el teléfono móvil, la imprenta, la aspirina, la penicilina, la bóveda, la democracia, etcétera).

i) Extraer de la narrativa acerca de la ciudadanía en democracia contenidos y directrices para cualquier asignatura, para cualquier profesor y para cada acción.

Por otra parte, conviene no olvidar que los sistemas educativos contemporáneos tienen que afrontar un inevitable dilema, por una parte y, al apoyarse en la investigación, contribuyen al incremento de la complejidad, de la incertidumbre y de la creación y, por otra, han de preparar a las personas para vivir inmersas en contextos de complejidad e incertidumbre.

2.3. Claves que presiden un currículo inclusivo

A la hora de establecer medidas didácticas y organizativas para dar respuesta a las necesidades del alumnado, habrá que tomar en consideración las claves que presiden un currículo inclusivo. Siguiendo a Sánchez-Sainz y García-Medina (2013), algunos de los principios más determinantes son:

a) La educación en y para la diversidad supone considerar al alumnado en su totalidad y no solo a aquellos que presentan problemas.

b) Adoptar un planteamiento que no esté centrado únicamente en los recursos tendentes a la compensación, sino que sea capaz de movilizar todos los recursos organizativos y curriculares del proyecto educativo de centro.

c) Las programaciones ordinarias de las diferentes áreas curriculares son el eje esencial sobre el que deben girar las respuestas a la diversidad.

d) Optar por criterios de agrupamiento que respeten la heterogeneidad de los grupos de alumnos y alumnas respecto a sus intereses y motivaciones, ritmos de aprendizaje, valores, fortalezas y capacidades, etcétera.

e) El trabajo en equipo de los docentes habrá de ser una pauta constante (fomentar participación y delimitación de responsabilidades).

f) Los recursos específicos de carácter compensatorio dirigidos a los estudiantes con necesidades educativas especiales (NEE) deberán mantener siempre en relación con el conjunto de actividades de enseñanza-aprendizaje del grupo clase.

g) El tipo de evaluación más adecuado será de carácter cualitativo, centrado en el propio proceso de enseñanza-aprendizaje, reconocimiento en los resultados finales los progresos realizados desde el punto de partida.

En definitiva, nos encontramos con un sistema educativo plural y abierto a la diversidad, con una oferta educativa flexible que brinda oportunidades de acceso según las necesidades del alumnado. Este ejercicio de renovación democrática ha de venir acompañado de la reconstrucción de una propuesta curricular que permita incluir a todo el alumnado y reorientar la práctica educativa, alejándola de la tendencia homogeneizadora que tan profundamente la ha marcado. Asimismo, no debemos olvidar que, para que realmente pueda aplicarse una educación de calidad para todos y todas, es preciso que los centros educativos sean parte de la dinámica de todo el proceso, no vale solo con regular por medio de normativa, sino que es precisa la implicación directa de las comunidades educativas.

A lo largo de estos epígrafes, se ha pretendido ofrecer un marco de reflexión sobre las implicaciones de la diversidad en la toma de decisiones curriculares y, principalmente, sobre la futura práctica educativa que se desarrollará en las aulas hasta alcanzar el convencimiento de que todo lo que se haga y todo lo que deje de hacer el profesorado tendrá repercusiones en los menores a quienes vaya dirigida su práctica. Es por ello por lo que en el próximo apartado abordaremos las relaciones en los procesos de enseñanza-aprendizaje desde la interacción didáctica y su repercusión en el clima de aula y el desarrollo socioafectivo del alumnado.

3. Competencias docentes para la interacción didáctica: relaciones en los procesos de enseñanza y aprendizaje

La mayoría de los autores coinciden en que un docente debe tener, además de conocimiento didáctico y en torno al uso de nuevas tecnologías, destrezas para comunicarse y relacionarse positivamente con los diversos agentes de la comunidad educativa y, en particular, con el alumnado. Para ello, se ha de llevar a cabo un proceso de autoconocimiento personal y de desarrollo de competencias que ayuden a liderar el aula, a autorregularse, a saber trabajar en equipo y a tomar decisiones de forma responsable y ética para la resolución de problemas en el contexto educativo. Cabe destacar la ética docente en cuanto a las responsabilidades de quien enseña, relacionadas con la garantía del derecho de todas las personas a la educación, una conciencia social y educativa crítica, la personalización de la enseñanza, la formación y el aprendizaje permanente, así como la implicación activa y los compromisos con la comunidad educativa (Palomera, 2022).

Siguiendo a Gimeno-Sacristán (2011) citado en Palomera (2022), los cambios sociales y educativos requieren de nuevas competencias básicas o transversales por parte de los docentes:

1. *Nuevas exigencias en el proceso formativo*:
   a. Énfasis del carácter práctico de los estudios de Magisterio y la relación entre teoría y práctica.
   b. Acentuación de la formación del docente como profesional responsable, capacitado para tomar decisiones innovadoras a través del trabajo en equipo en el centro educativo.
   c. Capacidad de actuación buscando las sinergias de otros agentes sociales que pueden facilitar el éxito del trabajo desarrollado en la escuela: familias, asociaciones, entidades, autoridades educativas, etcétera.
2. *Adquisición de conocimiento y acceso a la información:*
   a. Capacitación para desarrollar su labor en la sociedad del conocimiento.
   b. Conocimiento de los nuevos procesos de formación que las tecnologías de la información y la comunicación suponen.
3. *Necesidades de formación personal y en habilidades sociales:*
   a. Junto con la preparación técnica y profesional, se requiere una sólida formación personal; aspectos como el autoconocimiento, la estima per-

sonal, la capacidad de establecer relaciones de grupo constructivas, la actitud solidaria y democrática, etcétera.

b. Habilidades sociales para ejercer el liderazgo, que es propio de la función docente, en los grupos de estudiantes que deberá conducir.

c. Preparación para trabajar en equipo con el resto del profesorado.

Por tanto, las exigencias de la profesión docente se pueden agrupar en cinco ámbitos, tres de los cuales corresponden a las competencias personales, según García-García (2010):

— *Conocer:* se refiere al conjunto estructurado de conocimientos sobre el mundo natural y sociocultural. Esto hace referencia a las disciplinas del currículo: competencias cognitivas.

— *Hacer:* se refiere al conjunto de procedimientos y estrategias: competencias procedimentales.

— *Querer:* se refiere a la motivación, compromiso, esfuerzo: competencias afectivas/intrapersonales.

— *Convivir:* se refiere a la capacidad para trabajar y relacionarse con compañeros y alumnos: competencias interpersonales/comunicativas.

— *Ser:* se refiere al desarrollo del profesor como persona, a la responsabilidad ética ante los alumnos, familias y la sociedad: competencias intrapersonales.

3.1. La interacción didáctica en el aula

Las interacciones en el aula están asociadas a determinados aspectos de carácter cognitivo, afectivo y relacional. Es por ello por lo que las interacciones positivas conllevan relaciones cálidas y afectuosas y una comunicación abierta como un recurso relevante para el aprendizaje. Todo ello hace del docente una fuente de apoyo indispensable para el alumnado y para el buen clima del aula (Martínez-Maldonado *et al.,* 2019). En esta línea, la interacción entre docentes y estudiantes debería fijarse en las habilidades para la comunicación eficaz, sin descuidar el apoyo emocional. Así, un buen profesor/a necesita dominar su materia atribuyendo valor a la experiencia y formación del alumnado, pero, sobre todo, debe saber transmitir sus saberes (buena comunicación, motivación, interés, organización, claridad, responsabilidad, cumplimiento y congruencia) promoviendo, además, actitudes positivas hacia el aprendizaje y valores (justicia, asistencia, puntualidad, respeto, exigencia y honestidad).

En este sentido, una interacción positiva entre docente-estudiante será aquella que favorezca la implicación del alumnado. Para ello, será necesario proveer de habilidades a los estudiantes; entre ellas: *a)* habilidades lingüísticas y comunicacionales que les permitan interactuar adecuadamente expresando sus ideas, preocupaciones y curiosidades; *b)* habilidades socioemocionales que les permitan ser asertivos, resolver conflictos y generar respuestas emocionales adaptativas y reguladas; *c)* habilidades cognitivas que les faciliten acercarse al conocimiento con la seguridad necesaria para afrontar los desafíos escolares (Villalta *et al.*, 2018). Se podría decir que la interacción docente-estudiante genera modificaciones en la estructura cognitiva, siempre que estas interacciones se ajusten a ciertos criterios como la intencionalidad y la reciprocidad, el significado y la trascendencia.

De acuerdo con Villalta *et al.* (2018), la interacción es permanente en el proceso de aprendizaje y se refiere a la dinámica donde los actores se relacionan a través de la comunicación, herramienta cognitiva y transformadora del pensamiento, toda vez que sea usada con fines de aprendizaje y desarrollo. Desde esta perspectiva, cabe considerar que:

— La comunicación es la base principal de cualquier proceso de interacción.
— El docente es el actor principal que diseña las interacciones en el aula.
— La interacción está presente en todo contexto sociocultural y en cualquier nivel educativo.

Cabe resaltar en este punto la interacción entre estudiantes que promueve el aprendizaje desde un elemento social. Según Sanso *et al.* (2016), otorgar un papel al trabajo de los estudiantes en grupo, modificando la actividad del docente de modo que promueva la interactividad entre ellos, moderando el nivel de exigencia y promoviendo la ayuda entre iguales resulta de gran impacto en el aula, lo que supone un elemento importante que considerar. Así, por ejemplo, las situaciones de cooperación entre iguales y la tutoría entre iguales son estrategias de enseñanza y aprendizaje que requieren ser trabajadas desde el diseño de clase, siendo óptima su aplicación en los distintos niveles educativos para alcanzar resultados notables. En definitiva, cabe resaltar el relevante papel que tiene el profesorado a la hora de promover las interacciones en el aula, algo que requiere la incorporación de estrategias efectivas que promuevan el aprendizaje y la participación de todo el alumnado y no solo el de aquellos con dificultades (Molina, 2017).

3.2. Habilidades socioemocionales docentes en la escuela de hoy

Las habilidades socioemocionales de los docentes desempeñan un papel fundamental en el proceso de enseñanza y de aprendizaje, ya que la docencia «es un tejer y destejer incesante de emociones, de expectativas y de relaciones interpersonales» (Santos, 2010, p. 58), lo cual hace necesario que los profesores/as utilicen herramientas que permitan una interacción eficaz de manera constante. En las últimas décadas se han desarrollado diversos enfoques teóricos sobre la inteligencia emocional (IE) que implican diferentes conceptualizaciones de la expresión y de las dimensiones que la configuran. En este sentido, cabe señalar dos vertientes teóricas diferentes: los modelos mixtos y los modelos de habilidad.

Por un lado, los *modelos mixtos* plantean un acercamiento amplio de la IE entendiéndola como un conjunto de competencias socioemocionales, aspectos motivacionales y diversas habilidades cognitivas (Bar-On, 2006; Boyatzis *et al.*, 2000; Goleman, 1995). Estos modelos optan por una visión amplia y extensiva incluyendo multitud de variables del individuo. La primera línea de trabajo de estos modelos tuvo su origen con el libro de Daniel Goleman (1995) que fue posteriormente respaldado por acercamientos similares (Bar-On, 2000; Goleman, 1998). Por su parte, Bisquerra (2009) y su equipo de trabajo delimitaron otros cinco tipos de habilidades emocionales que integran algunos aspectos del desarrollo social: conciencia emocional, regulación emocional, autonomía emocional, competencia emocional y competencias para la vida y el bienestar. Estas aproximaciones son propuestas teóricas amplias que incluyen una combinación de dimensiones psicológicas no estrictamente relacionadas con las emociones o la inteligencia (Mayer *et al.*, 2000).

Por otra parte, el *modelo de habilidad de Mayer y Salovey* (1997) se sustenta en la premisa de que la IE engloba un conjunto de habilidades cognitivas independientes de cualquier otro rasgo de personalidad. Es en 1997 cuando Mayer y Salovey precisaron la expresión de IE definiéndola como «la habilidad para percibir, valorar y expresar las emociones con exactitud; la habilidad para acceder y generar sentimientos que faciliten el pensamiento; la habilidad para entender la emoción y el conocimiento emocional; y la habilidad para regular las emociones y promover el crecimiento emocional e intelectual» (p. 10). Así, la IE se concretó en una estructura de cuatro ramas o dimensiones jerárquicamente ordenadas.

Siguiendo a Gutiérrez-Torres y Buitrago-Velandia (2019), las habilidades socioemocionales en los docentes son una herramienta necesaria para lidiar con la cotidianidad de la escuela. De hecho, en un estudio con docentes chilenos pertenecientes a tres escuelas distintas se encontró que los profesores consideran que el aprendizaje y el desarrollo socioemocional son una dimensión transversal del currículo, enfocada en que los estudiantes adquieran valores, habilidades interpersonales y hábitos que les permitan convivir en sociedad. Asimismo, reconocieron la importancia de poseer dichas habilidades para el ejercicio de su labor (Cuadra *et al.*, 2018). Desde esta perspectiva, el desarrollo de habilidades socioemocionales en la escuela ha tenido un creciente interés investigativo. Se ha involucrado la expresión *aprendizaje social y emocional* (SEL) como una gama de competencias que abarca procesos emocionales, habilidades sociales y de regulación cognitiva, como herramientas que aportan significativamente al proceso escolar en los profesores y estudiantes. En esta dirección, se ha logrado evidenciar que SEL tiene repercusiones favorables en el clima de aula, la relación estudiante-profesor, estudiante-estudiante y la motivación escolar (Papieska *et al.,* 2017). Por consiguiente, las habilidades socioemocionales participan de manera activa en la consolidación de la escuela como un espacio de interacción positiva (Hyemel y Darwich, 2018).

Finalmente, es importante resaltar que en buena medida el clima del aula depende de las habilidades sociales y emocionales del docente y de sus vínculos y relaciones empáticas con los estudiantes Gutiérrez-Torres y Buitrago-Velandia (2019). Por lo tanto, es importante realizar acciones encaminadas al reconocimiento y fortalecimiento de las competencias socioemocionales dentro del aula como una estrategia para fomentar ambientes escolares positivos y pacíficos (Barrientos, 2016).

3.3. Clima escolar y clima de aula

Existe amplia evidencia sobre el clima de aula como un factor importante para el aprendizaje, identificado como un factor de calidad educativa asociado a los logros de aprendizaje (Villanueva, 2020). Visto desde esta perspectiva, el clima del aula influye en el éxito académico a través de sus efectos en el compromiso y el esfuerzo sostenido del alumnado (Linares *et al.,* 2005). Asimismo es bien sabido que los estudiantes de aulas con un clima positivo establecen relaciones interpersonales mas cercanas; tienen un mayor sentido de pertenencia y compromiso con el aprendizaje, así como muestran una mayor participación y motivación en el aula (Reyes *et al.,* 2012). Por el contrario, entornos escolares en los que se desarrollan dinámicas educativas coercitivas o ineficientes resultan perjudiciales para los estudiantes y están relacionados con una baja autorregulación por su parte, interacciones conflictivas y agresivas, experiencias de rechazo a otros compañeros y violencia escolar (Mitchell y Bradshaw, 2013).

Cabe diferenciar entonces entre:

• *Clima escolar:* se entiende como el ambiente que se genera a partir de las características físicas de la institución educativa y del sistema social de relaciones en un nivel amplio, que incluye no solo a estudiantes y docentes, sino a las personas que trabajan en este y a los padres de familia (Mena y Valdés, 2008).

• *Clima de aula:* es el ambiente que se genera, principalmente, en las interacciones entre estudiantes y docentes, y entre estudiantes entre sí (Sánchez, 2009).

No obstante, el aula con sus elementos se enmarca en un centro educativo y el clima escolar de este configura aspectos que, de manera indirecta, influyen en el clima de las clases (Martínez, 2001). En esta línea, el clima de aula es el ambiente que se construye a partir de las características específicas de estudiantes y docentes, puesto que estas constituyen dinámicas particulares, normas, hábitos, comportamientos y prácticas sociales específicas que emergen de las interacciones que se dan en la clase (Manota y Estefanía, 2016). Como se ha mencionado, el clima es conformado tanto por las interacciones entre estudiantes como las interacciones docente-estudiante. Sin embargo, el docente es quien tiene el rol de gestionar lo que ocurre en el aula. A continuación, se describirá el aula como contexto de las interacciones entre docentes y estudiantes y, posteriormente, se detallarán las características centrales docentes que influyen en las interacciones que se dan en las aulas.

3.4. El aula como un contexto de interacciones sociales

Tal y como menciona Villanueva (2020), el aula es un lugar de interacción en el que continuamente se ajustan, negocian, modifican, elaboran y perfeccionan las interacciones entre estudiantes, y entre docentes y estudiantes. Las interacciones son un proceso bidireccional, en la medida en que hay una participación conjunta y una implicación activa de estudiantes y docentes. Esto genera un estado de influencia mutua en el que docentes y estudiantes intervienen exteriorizando sus propios puntos de vista e interiorizando la postura del otro, algo que permite construir nuevas realidades como consecuencia de la interacción.

En este sentido, algunos autores sostienen que el estilo de relación que se establece entre docentes y estudiantes está condicionado por los siguientes aspectos:
   a) Las concepciones del docente con respecto a su rol y el modelo de autoridad que se plantea en el aula (Yurén y Araujo-Olivera, 2003)
   b) Las expectativas y las características de la diversidad de estilos docentes (Laudadío y Mazzitelli, 2015)
   c) La motivación de logro y la capacidad de autorregulación de los estudiantes, ya que también influyen en la relación docente-estudiante y en las estrategias de manejo de la disciplina que emplea cada docente (Polyte *et al.,* 2015)

Según Correa (2006), las interacciones entre docentes y estudiantes pueden ser de tres tipos:
   a) Unidireccional: aquella en la que el maestro informa, ordena y no promueve la participación.
   b) Bidireccional con participación limitada: aquella en la que el docente toma la iniciativa siempre y hace preguntas de respuestas cerradas solo para verificar si los estudiantes prestan atención.

c) *Bidireccional:* aquella en que las interacciones son simétricas. Los estudiantes pueden tomar la iniciativa en cualquier momento y ambos (docentes y estudiantado) participan continuamente.

Las relaciones bidireccionales u horizontales generan un mejor clima que las unidireccionales. En cambio, las interacciones autoritarias y represivas por parte del profesor generan un mal clima, no solo porque propician una relación docente-alumno de miedo y desconfianza, sino en la medida en que estimulan a los estudiantes a asumir comportamientos de dominación en relación con sus compañeros (Villanueva, 2020).

3.5. Creencias docentes, estilo de enseñanza y manejo de la disciplina

En la investigación de Villanueva (2020), se identifican tres factores que influyen tanto en el proceso de enseñanza-aprendizaje como en la conformación del clima de aula: las *creencias docentes,* el *estilo de enseñanza* y el *manejo de la disciplina.*

1) Las creencias se definen como las aseveraciones o teorías que cada docente toma como ciertas, se generan a través de sus experiencias e interacciones cotidianas y se utilizan para interpretar, dar explicaciones, a situaciones y guiar su comportamiento. Se ha encontrado que las creencias que influyen en la conformación del clima de aula son aquellas creencias que el docente tiene sobre su rol como conductor del proceso de enseñanza-aprendizaje y como autoridad en el aula. Por ejemplo, Laudadío y Mazzitelli (2015) identificaron que los docentes que tienen la creencia de ser los responsables de la organización y la transformación del conocimiento no toman en cuenta a sus estudiantes, y les dan menos oportunidades para interactuar.

2) El estilo de enseñanza se define como la forma particular que presenta un docente en el momento de planear, organizar y ejecutar una clase. Delgado (1991) describe tres tipos: el estilo tradicional, el estilo innovador y el estilo cognoscitivo. *a)* El *tradicional* aboga por las clases magistrales, centrándose únicamente en la trasmisión de información, ofreciendo poco margen para la participación y la socialización; *b)* en el *estilo innovador,* se promueve la participación de los estudiantes en su aprendizaje y se busca propiciar la socialización y el trabajo colectivo (Valencia *et al.,* 2014); por último, *c)* el *estilo cognoscitivo* utiliza estrategias de descubrimiento guiado y resolución de problemas, en las que se busca el aprendizaje activo y significativo, que promueve la indagación y experimentación del estudiante (Valencia y Henao, 2012). El estilo innovador y el cognoscitivo están relacionados con

un mejor aprendizaje y clima de aula. No obstante, se debe tomar en cuenta que no existe un estilo de enseñanza único, sino combinaciones, o un estilo predominante, que se combina con otros estilos secundarios.

3) En tercer lugar, el manejo de la disciplina es el conjunto de técnicas utilizadas para mantener un ambiente de aprendizaje adecuado, es decir, libre de problemas de conducta que perjudican el tiempo de aprendizaje (Woolfolk, 2010). Santrock (2002) definió tres tipos: *a)* el *estilo autoritario* de manejo de aula es restrictivo y punitivo; este se centra de manera prioritaria en mantener el orden en el aula más que en el proceso de enseñanza-aprendizaje; *b)* el *estilo autoritativo* es el que alienta a los estudiantes a autorregularse postergando la gratificación, a partir de lo cual son más activos e independientes en su aprendizaje; *c)* el *estilo permisivo* proporciona mucha autonomía a los estudiantes, dándoles muy poco o nulo apoyo para el desarrollo de su autorregulación en el manejo de sus conductas y el desarrollo de habilidades de aprendizaje.

4. Conclusiones

La escuela es un espacio de socialización, aprendizaje y desarrollo que pone en valor la diversidad y la inclusión a partir de las aportaciones realizadas por el alumnado, las familias, los docentes y otros miembros de la comunidad educativa. Por ello, consolidar espacios de sana interacción, respeto e inclusión es una condición posible y necesaria en los centros escolares (Rodríguez *et al.,* 2017).

Del mismo modo, se requiere que las aulas se consoliden como un espacio de apoyo, empatía, bienestar, cooperación y aprendizaje significativo, que permitan vivir la experiencia escolar como el lugar idóneo para la innovación educativa, mediada y moldeada por los docentes, sus actitudes, relaciones y habilidades en favor de climas de aula adecuados. En este sentido, el desarrollo de habilidades socioemocionales en los docentes se muestra como una estrategia óptima que repercute directamente en el bienestar docente reduciendo el estrés, así como en las buenas relaciones entre estudiantes, su motivación y el rendimiento académico en el aula. Por tanto, un docente con habilidades socioemocionales adecuadas puede describirse como el profesor que cuenta con un conjunto integral de procesos, que incluye varias dimensiones emocionales —regulación emocional, empatía—, habilidades interpersonales —comprensión de las señales sociales— y procesos cognitivos —inhibir los impulsos, manejar el estrés—, que aportan significativamente a la persona y su relación con el entorno educativo (Jones *et al.,* 2013). Siguiendo a

Gutiérrez-Torres y Buitrago-Velandia (2019), un maestro emocional y socialmente competente es quien tiene la suficiente capacidad para comunicarse con sus estudiantes de manera asertiva, puede mediar positivamente los conflictos dentro de su aula, gestiona ambientes de aula cálidos, implementa la empatía como una estrategia en la relación con sus alumnos, enseña a vivir y convivir en sociedad, es capaz de adaptarse a cambios sociales, implementa estrategias de innovación e investigación en su clase y favorecedor/a de la gestión de climas de aula positivos. Lo anterior no significa que desaparecerán las situaciones estresantes en la escuela, sino que el maestro/a contará con suficientes herramientas para enfrentarse a ellas de forma más positiva y eficaz, en aras de favorecer el clima escolar y de aula.

Para concluir, es imprescindible continuar poniendo en valor la importancia de la convivencia democrática en los centros escolares, de manera que todas las personas puedan disfrutar de los derechos que legítimamente les corresponden, sin distinciones, discriminación o exclusión. En palabras de Sánchez-Sainz y García-Medina (2013), este ejercicio de renovación democrática ha de venir acompañado de la revisión y reconstrucción de una propuesta curricular que acoja la diversidad y permita reorientar la práctica educativa e incluir a todas las culturas presentes en la escuela. Finalmente, y a modo de recapitulación, a lo largo de este capítulo, se ha ofrecido un marco de reflexión que ayuda a repensar la práctica educativa, sin olvidar que, para alcanzar una educación de calidad para todos y todas, se hace necesaria la implicación de centros, docentes, estudiantes, familias, etc. De tal manera en que se colabore de manera conjunta en la puesta en marcha de medidas organizativas y decisiones curriculares inclusivas que enriquezcan las comunidades educativas y, en definitiva, la sociedad.

Bibliografía

AINSCOW, M., y CÉSAR, M. (2006), «Inclusive education ten years after Salamanca: setting the agenda», *European Journal of Psychology of Education,* pp. 231-238.

ASAMBLEA GENERAL DE LAS NACIONES UNIDAS (1948), *Declaración Universal de Derechos Humanos,* Ginebra, Naciones Unidas.

ASAMBLEA GENERAL DE LAS NACIONES UNIDAS (2006), *Convención sobre los derechos de las personas con discapacidad,* Ginebra, Naciones Unidas.

ASAMBLEA GENERAL DE LAS NACIONES UNIDAS (2015), *Transformar nuestro mundo: La agenda 2030 para el desarrollo sostenible,* ONU, https://www.un.org/sustainabledevelopment/es/objetivos-de-desarrollo-sostenible/.

BAR-ON, R. (2006), «The Bar-On model of emotional-social intelligence (ESI)», *Psicothema,* n.º 18, supl, pp. 13-25.

BARRIENTOS, A. (2016), *Habilidades sociales y emocionales del profesorado de educación infantil relacionadas con la gestión del clima de aula,* tesis doctoral, Universidad Complutense de Madrid, Madrid, España, <https://eprints.ucm.es/40450/>.

BLANCO, R. (2006), «La equidad y la inclusión social: uno de los desafíos de la educación y la escuela hoy», *Revista Electrónica Iberoamericana sobre Calidad, Eficacia y Cambio en Educación,* n.º 4(3), pp. 1-15.

BLANCO, R. (2010), «El derecho de todos a una educación de calidad», *Revista Latinoamericana de Educación Inclusiva,* n.º 4(2), pp. 25-153.

BOOTH, T. (2006), «Manteniendo el futuro con vida, convirtiendo los valores de la inclusión en acciones», en M. Á. Verdugo y F. B. Jordán de Urríes (coords.), *Rompiendo inercias. Claves para avanzar. VI Jornadas Científicas de Investigación sobre Personas con Discapacidad,* Salamanca, Amarú, pp. 211-217.

BOOTH, T. (2009), «El uso del Index for Inclusion en Inglaterra», en C. Giné, D. Duran, J. Font y E. Miquel (coords.), *La educación inclusiva. De la exclusión a la plena participación de todo el alumnado,* Barcelona, Horsori.

BOOTH, T., y AINSCOW, M. (2015), *Guía para la educación inclusiva. Desarrollando el aprendizaje y la participación en los centros escolares,* Madrid, Fuhem y OEI.

BOYATZIS, R. E.; GOLEMAN, D., y RHEE, K. (2000), «Clustering competence in emotional intelligence: Insights from the Emotional Competence Inventory (ECI)», *Handbook of Emotional Intelligence,* n.º 99(6), pp. 343-362.

CUADRA, D.; SALGADO, J.; LERÍA, F., y MENARES, N. (2018), «Teorías subjetivas en docentes sobre el aprendizaje y desarrollo socioemocional: un estudio de caso», *Revista Educación,* n.º 42(2), pp. 250-271, <https://doi.org/10.15517/revedu.v42i2.25659>.

DELGADO, M. Á. (1991), *Los estilos de enseñanza en la Educación Física. Propuesta para una reforma de la enseñanza,* Ed. ICE de la Universidad de Granada.

DURÁN, D., y GINÉ, C. (2011), «La formación del profesorado para la educación inclusiva: un proceso de desarrollo profesional y de mejora de los centros para atender la diversidad», *Revista Latinoamericana de Educación inclusiva,* n.º 5(2), pp. 153-170.

ECHEITA SARRIONANDIA, G., y AINSCOW, M. (2011), «La educación inclusiva como derecho. Marco de referencia y pautas de acción para el desarrollo de una revolución pendiente», *Tejuelo,* n.º 12, pp. 26-46.

ESCARBAJAL FRUTOS, A.; MIRETE RUIZ, A. B.; MAQUILÓN SÁNCHEZ, J. J.; IZQUIERDO RUS, T., y SÁNCHEZ MARTÍN, M. (2012), «La atención a la diversidad: la educación inclusiva», *Revista electrónica interuniversitaria de formación del profesorado,* n.º 15(1), pp. 135-144.

FEITO ALONSO, R. (2007), «Atención a la diversidad. Clase, etnia y género», en L. Pumares y L. Hernández (coords.), *La formación del profesorado para la atención a la diversidad,* Madrid, CEP.

GIMENO-SACRISTÁN, J. (2008), «Educar por competencias, ¿qué hay de nuevo?», *Educar por competencias,* Madrid, Ediciones Morata.

GOLEMAN, D. (1995), *Emotional Intelligence,* Nueva York, Bantam Books.

GOLEMAN, D. (1998), *Working with Emotional Intelligence,* Nueva York, Bantam Books.

GUTIÉRREZ-TORRES, A. M., y BUITRAGO-VELANDIA, S. J. (2019), «Las habilidades socioemocionales en los docentes: herramientas de paz en la escuela», *Praxis & Saber,* n.º 10(24), pp. 167-192.

HERRERA, L.; BUITRAGO, R., y CEPERO, S. (2017), «Emotional Intelligence in Colombian Primary School Children. Location and Gender», *Universitas Psychologica,* n.º 16(3), pp. 1-10, <https://doi.org/10.11144/Javeriana.upsy16-3.eips>.

HYMEL, S., y DARWICH, L. (2018), «Building peace through education», *Journal of Peace Education,* n.º 15(3), pp. 345-357, <https://doi.org/10.1080/17400201.2018.1535475>.

LAUDADÍO, J., y MAZZITELLI, C. (2015), «Estilos de enseñanza de los docentes de distintas carreras de nivel superior vinculadas con las ciencias naturales», *Educación,* n.º 24(46), pp. 9-25.

LORES, M.; DURÁN, D., y ALBARRACÍN., L. (2016), *Razonar en pareja. Tutoría entre iguales para la resolución cooperativa de problemas cotidianos,* Barcelona, Editorial Horsori.

MANOTA, M. A., y MELENDRO, M. (2016), «Clima de aula y buenas prácticas docentes con adolescentes vulnerables: más allá de los contenidos académicos», *Contextos educativos,* n.º 19, pp. 55-74.

MARTÍNEZ, M. (2001), «Programa de orientación del clima de clase», en M. Álvarez y R. Bisquerra, *Manual de orientación y tutoría,* Barcelona, Praxis.

MARTÍNEZ-MALDONADO, P.; ARMENGOL ASPARÓ, C., y MUÑOZ MORENO, J. L. (2019), «Interacciones en el aula desde prácticas pedagógicas efectivas», *Revista de estudios y experiencias en educación,* n.º 18(36), pp. 55-74.

MAYER, J. D., y SALOVEY, P. (1997), «What is emotional intelligence?», en P. Salovey y D. Sluyter (eds.), *Emotional Development and Emotional Intelligence: Implications for Educators,* Nueva York, Basic Books, pp. 3-34.

MAYER, J. D.; CARUSO, D. R., y SALOVEY, P. (2000), «Selecting a measure of emotional intelligence: the case for ability scales», en R. Bar-On y J. D. A. Parker (coords.), *The Handbook of Emotional Intelligence: Theory, Development, Assessment and Application at Home, School and in the Workplace,* San Francisco (California), Jossey-Bass, pp. 320-342.

MENA, I., y VALDÉS, M. (2008), *Documento valoras UC: clima social escolar,* <http://www.educarchile.cl/UserFiles/P0001/File/clima_ social_escolar.pdf>.

MITCHELL, D. (2017), *Diversities in Education. Effective Ways to Reach All Learners,* Londres, Routledge.

MITCHELL, M., y BRADSHAW, C. (2013), «Examining classroom influences on student perceptions of school climate: the role of classroom management and exclusionary discipline strategies», *Journal of School Psychology,* n.º 51, pp. 599-610.

MORIN, E. (1999), *Los siete saberes necesarios para la educación del futuro,* Francia, Unesco.

PALOMERA, R. (2022), *Inteligencia emocional docente,* Madrid, Editorial Síntesis.

PAPIESKA, J.; SPILT, J.; ROORDA, D., y LEAVERS, F. (2016), «Promoting socioemotional competence in primary school classrooms: intervention effects of the EMOscope», *Euro-*

pean *Journal of Developmental Psychology,* n.º 16(1), pp. 97-112, <http://doi.org/10.1 080/17405629.2017.1342620>.

POLYTE, P. J.; BELANDO, N.; HUÉSCAR, E., y MORENO-MURCIA, J. A. (2015), «Efecto del estilo docente en la motivación de mujeres practicantes de ejercicio físico», *Acción Psicológica,* n.º 12(1), pp. 67-74.

PUMARE, L., y HERNÁNDEZ, L. (2007), *La formación del profesorado para la atención a la diversidad,* Madrid, CEP.

REYES, M. R.; BRACKETT, M. A.; RIVERS, S. E.; WHITE, M., y SALOVEY, P. (2012), «Classroom emotional climate, student engagement, and academic achievement», *Journal of Educational Psychology,* n.º 104(3), pp. 700-712.

RODRÍGUEZ, A.; LÓPEZ, G., y ECHEVERRI, J. (2017), «El aula de paz: familia y escuela en la construcción de una cultura de paz en Colombia», *Perseitas,* n.º 5(1), pp. 206-223, <http://doi.org/10.21501/23461780.2243>.

SÁNCHEZ, J. F. (2009), *Análisis del clima de aula en Educación Física: un estudio de casos,* tesis de doctorado, Málaga, Universidad de Málaga.

SÁNCHEZ-SAINZ, M., y GARCÍA-MEDINA, R. (2013), *Diversidad e inclusión educativa: aspectos didácticos y organizativos,* La Muralla.

SANSO, C.; NAVARRO, J. L., y HUGUET, A. (2016), «Análisis de la interacción en un aula con alta diversidad sociocultural», *Revista Electrónica Interuniversitaria de Formación del Profesorado,* n.º 19(1), pp. 159-174, <http://dx.doi.org/10.6018/reifop.19.1.224711>.

SANTOS, M. (2010), «Envejecer en la enseñanza», en F. López (dir.), *La salud física y emocional del profesorado,* Barcelona, Graó, pp. 55-62.

SANTROCK, J. W. (2002), *Psicología de la educación,* México D. F., McGraw Hill.

UNESCO (2005), *Guidelines for Inclusion: Ensuring Access to Education for All,* París, Unesco.

VALENCIA, L. I., y HENAO, G. C. (2012), «Actitudes-estilos de enseñanza: Su relación con el rendimiento académico», *International Journal of Psychological Research,* n.º 5(1), pp. 133-141.

VALENCIA, L. I.; GALEANO, G., y JOVEN, K. (2014), «Estilos de enseñanza de los docentes: una apuesta por el desempeño académico de los estudiantes en la Educación Superior (Spanish)», *Revista Mexicana de Orientación Educativa,* n.º 11(26), pp. 77-84.

VILLALTA, M.; MARTINIC, S.; ASSAEL, C., y ALDUNATE, N. (2018), «Presentación de un modelo de análisis de la conversación y experiencias de aprendizaje mediado en la interacción de sala de clase», *Revista Educación,* n.º 42(1), pp. 87-104.

VILLANUEVA, R. K. (2020), «Clima de aula en secundaria: un análisis entre las interacciones de estudiantes y docentes», *Revista Peruana de Investigación Educativa,* n.º 12(12), pp. 187-216.

WOOLFOLK, A. (2010), *Psicología educativa,* Ed. México D. F., Prentice Hall.

YURÉN, M. T., y ARAÚJO-OLIVERA, S. (2003), «Estilos docentes, poderes y resistencias ante una reforma curricular. El caso de Formación cívica y ética en la escuela secundaria», *Revista Mexicana de Investigación Educativa,* n.º 19, pp. 631-652.

Práctica

Práctica 1

Basado en Sánchez-Sainz y García-Medina (2013)

Título: «¿Nos atendieron a todxs?»
Agrupamientos: individual
Lugar: aula ordinaria
Objetivos:

- Interiorizar los diferentes factores de diversidad
- Concienciar a los estudiantes de la importancia de la atención a la diversidad

Contenidos: diversidad como factor de enriquecimiento
Descripción y desarrollo de la actividad:

- Buscar en la trayectoria vital experiencias educativas que hayan sido significativas, tanto educativamente como de forma afectiva, y el tratamiento de la atención a la diversidad que presentaron
- Analizar los hallazgos y las relaciones descubiertas buscando su significado y las posibles influencias posteriores
- Aproximarse a la situación personal actual ante la educación y la importancia de la relación en la intervención didáctica
- Representar, de forma creativa y personal, la experiencia: árbol histórico, álbum fotográfico, vídeo, cofre de tesoros, blog o página web, cuento de quién fui, grabación, TikTok, etcétera

Temporalización:

- El primer día se explicará lo que hay que hacer y para qué.
- Deberán trabajar de forma individual a lo largo de una semana
- Puesta en común general entre compañeros (pequeños grupos)

Evaluación:

- Elaboración del trabajo
- Puesta en común

Práctica 2

Basado en Sánchez-Sainz y García-Medina (2013)

Título: «La estrella de la normalidad»
Agrupamientos: gran grupo
Lugar: espacio diáfano
Objetivos:

• Concienciar a los estudiantes de lo relativo que supone el concepto de «normalidad»
• Ofrecer un punto de vista en el que la diversidad está en los ojos de quien mira

Contenidos: diversidad como factor de enriquecimiento
Descripción y desarrollo de la actividad:

• Se hará un gran círculo en el suelo (se entenderá que ese círculo es la normalidad). Los estudiantes se colocarán dando la espalda al círculo y dibujando una línea en el suelo que vaya desde su punto en el círculo hasta dos metros más allá.
• Se irán diciendo características personales (aspecto, orientación sexual, identidad de género, capacidades diversas, vestimenta, cultura…) y los estudiantes tendrán que moverse por la línea alejándose del círculo (normalidad) en relación con lo que crean que se aleja de la normalidad; harán una marca en la línea donde hayan llegado.
• Se finalizará observando cómo la estrella está llena de marcas, ya que nadie se queda en la normalidad en todas las características.

Temporalización: 20 minutos
Evaluación: observar el grado de participación y de implicación en la actividad y realizar un debate final

5. Anexos

Anexo I. Normativa de referencia en materia de inclusión educativa
En esta sección, se hace referencia a la normativa estatal y autonómica en materia de inclusión, con objeto de guiar en la tarea de planificación y desarrollo de los procesos de enseñanza-aprendizaje en contextos diversos.

Ley Orgánica 3/2020, del 29 de diciembre, por la que se modifica la Ley Orgánica 2/2006, del 3 de mayo, de Educación

Preámbulo
«[...] Entre los principios y los fines de la educación, se incluye el cumplimiento efectivo de los derechos de la infancia según lo establecido en la Convención sobre los Derechos del Niño de Naciones Unidas, la inclusión educativa y la aplicación de los principios del Diseño universal de aprendizaje, es decir, la necesidad de proporcionar al alumnado múltiples medios de representación, de acción y expresión y de formas de implicación en la información que se le presenta».

Título preliminar. Capítulo I. Principios y fines de la educación
Artículo 1. Principios
El sistema educativo español, configurado de acuerdo con los valores de la Constitución y asentado en el respeto a los derechos y libertades reconocidos en ella, se inspira en los siguientes principios:
«a) El cumplimiento efectivo de los derechos de la infancia según lo establecido en la Convención sobre los Derechos del Niño, adoptada por Naciones Unidas el 20 de noviembre de 1989, ratificada el 30 de noviembre de 1990, y sus Protocolos facultativos, reconociendo el interés superior del menor, su derecho a la educación, a no ser discriminado y a participar en las decisiones que les afecten y la obligación del Estado de asegurar sus derechos.»
«a bis) La calidad de la educación para todo el alumnado, sin que exista discriminación alguna por razón de nacimiento, sexo, origen racial, étnico o geográfico, discapacidad, edad, enfermedad, religión o creencias, orientación sexual o identidad sexual o cualquier otra condición o circunstancia personal o social.»
«b) La equidad, que garantice la igualdad de oportunidades para el pleno desarrollo de la personalidad a través de la educación, la inclusión educativa, la igualdad de derechos y oportunidades, también entre mujeres y hombres, que ayuden a superar cualquier discriminación y la accesibilidad universal a la educación, y que actúe como elemento compensador de las desigualdades personales, culturales, económicas y sociales, con especial atención a las que se deriven de cualquier tipo de discapacidad, de acuerdo con lo establecido en la Convención sobre los Derechos de las Personas con Discapacidad, ratificada en 2008, por España.»
«k) La educación para la convivencia, el respeto, la prevención de conflictos y la resolución pacífica de los mismos, así como para la no violencia en todos los ámbitos de la vida personal, familiar y social, y en especial en el del acoso escolar y ciberacoso con el fin de ayudar al alumnado a reconocer toda forma de maltrato, abuso sexual, violencia o discriminación y reaccionar frente a ella.»

«c) La transmisión y puesta en práctica valores que favorezcan la libertad personal, la responsabilidad, la ciudadanía democrática, la solidaridad, la tolerancia, la igualdad, el respeto y la justicia, así como que ayuden a superar cualquier tipo de discriminación.»

«d) La concepción de la educación como un aprendizaje permanente, que se desarrolla a lo largo de toda la vida.»

«e) La flexibilidad para adecuar la educación a la diversidad de aptitudes, intereses, expectativas y necesidades del alumnado, así como a los cambios que experimentan el alumnado y la sociedad.»

«f) La orientación educativa y profesional de los estudiantes, como medio necesario para el logro de una formación personalizada, que propicie una educación integral en conocimientos, destrezas y valores.»

«g) El esfuerzo individual y la motivación del alumnado.»

«h) El esfuerzo compartido por alumnado, familias, profesores, centros, Administraciones, instituciones y el conjunto de la sociedad.»

«h bis) El reconocimiento del papel que corresponde a los padres, madres, tutores legales como primeros responsables de la educación de sus hijos.»

«i) La autonomía para establecer y adecuar las actuaciones organizativas y curriculares en el marco de las competencias y responsabilidades que corresponden al Estado, a las Comunidades Autónomas, a las corporaciones locales y a los centros educativos.»

«j) La participación de la comunidad educativa en la organización, gobierno y funcionamiento de los centros docentes.»

«k) La educación para la convivencia, el respeto, la prevención de conflictos y la resolución pacífica de los mismos, así como para lo no violencia en todos los ámbitos de la vida personal, familiar y social, y en especial en el del acoso escolar y ciberacoso con el fin de ayudar al alumnado a reconocer toda forma de maltrato, abuso sexual, violencia o discriminación y reacción frente a ella.»

«l) El desarrollo de la igualdad de derechos, deberes y oportunidades, el respeto a la diversidad afectivo-sexual y familiar, el fomento de la igualdad efectiva de mujeres y hombres a través de la consideración de régimen de la coeducación de niños y niñas, la educación afectivo-sexual, adaptada al nivel madurativo, y la prevención de la violencia de género, así como el fomento del espíritu crítico y la ciudadanía activa.»

«m) La consideración de la función docente como factor esencial de la calidad de la educación, el reconocimiento social del profesorado y el apoyo a su tarea.»

«n) El fomento y la promoción de la investigación, la experimentación y la innovación educativa.»

«ñ) La evaluación del conjunto del sistema educativo, tanto en su programación y organización y en los procesos de enseñanza y aprendizaje como en sus resultados.»

Artículo 19. Principios pedagógicos

1. En esta etapa se pondrá especial énfasis en garantizar la inclusión educativa; en la atención personalizada al alumnado y a sus necesidades de aprendizaje, participación y convivencia; en la prevención de las dificultades de aprendizaje y en la puesta en práctica de mecanismos de refuerzo y flexibilización, alternativas metodológicas u otras medidas adecuadas tan pronto como se detecten cualquiera de estas situaciones.

2. Sin perjuicio de su tratamiento específico en algunas de las áreas de la etapa, la comprensión lectora, la expresión oral y escrita, la comunicación audiovisual, la competencia digital, el fomento de la creatividad, del espíritu científico y del emprendimiento se trabajarán en todas las áreas. De igual modo, se trabajarán la igualdad de género, la educación para la paz, la educación para el consumo responsable y el desarrollo sostenible y la educación para la salud, incluida la afectivo-sexual. Asimismo, se pondrá especial atención a la educación emocional y en valores y a la potenciación del aprendizaje significativo para el desarrollo de las competencias transversales que promuevan la autonomía y la reflexión.

Artículo 71: Alumnado con Necesidad Específica de Apoyo Educativo

1. Las Administraciones educativas dispondrán los medios necesarios para que todo el alumnado alcance el máximo desarrollo personal, intelectual, social y emocional, así como los objetivos establecidos con carácter general en la presente Ley.

2. Corresponde a las Administraciones educativas asegurar los recursos necesarios para que los alumnos y alumnas que requieran una atención educativa diferente a la ordinaria, por presentar necesidades educativas especiales, por retraso madurativo, por trastornos del desarrollo del lenguaje y la comunicación, por trastornos de atención o de aprendizaje, por desconocimiento grave de la lengua de aprendizaje, por encontrarse en situación de vulnerabilidad socioeducativa, por sus altas capacidades intelectuales, por haberse incorporado tarde al sistema educativo o por condiciones personales o de historia escolar, puedan alcanzar el máximo desarrollo posible de sus capacidades personales y, en todo caso, los objetivos establecidos con carácter general para todo el alumnado.

DECRETO 164/2022, del 16 de noviembre, del Gobierno de Aragón, por el que se modifica el Decreto 188/2017, del 28 de noviembre, del Gobierno de Aragón, por el que se regula la respuesta educativa inclusiva y la convivencia en las comunidades educativas de la Comunidad Autónoma de Aragón

Artículo 1. Objeto

Es objeto de este decreto regular la respuesta educativa para garantizar la educación inclusiva y la convivencia en los centros educativos de la Comunidad Autónoma de Aragón.

Artículo 21. Alumnado con necesidad específica de apoyo educativo por presentar necesidades educativas especiales

De acuerdo con el artículo 73.1 de la Ley Orgánica 2/2006, del 3 de mayo, de Educación, se entiende por alumnado con necesidad específica de apoyo educativo que presenta necesidades educativas especiales aquel que afronta barreras que limitan su acceso, presencia, participación o aprendizaje, derivadas de discapacidad o de trastornos graves de conducta, de la comunicación y del lenguaje, y que requiera, por un período de su escolarización o a lo largo de toda ella, determinados apoyos y atenciones educativas específicas para la consecución de los objetivos de aprendizaje adecuados a su desarrollo, sin perjuicio de lo dispuesto en el apartado 2 del artículo anterior. Dichas actuaciones deberán responder a las necesidades del alumnado señalado en el citado artículo y, en particular, de las derivadas de las condiciones compatibles con:

  a) Discapacidad auditiva
  b) Discapacidad visual
  c) Discapacidad física: motora y orgánica
  d) Discapacidad intelectual
  e) Pluridiscapacidad
  f) Trastorno grave de conducta
  g) Trastorno del espectro autista
  h) Trastorno mental
  i) Trastorno del lenguaje
  j) Retraso global del desarrollo

Artículo 21 bis. Alumnado con necesidad específica de apoyo educativo por retraso madurativo

1. Se entiende por alumnado con necesidad específica de apoyo educativo por retraso madurativo aquel que durante la etapa de educación infantil requiera, por un período de su escolarización en la etapa o a lo largo de toda ella, de determinados apoyos y actuaciones educativas para responder a las necesidades derivadas de cualquiera de las siguientes situaciones:

  a) Compromisos significativos en una única área del desarrollo (motora o comunicativa o cognitiva)
  b) Compromisos no significativos en al menos dos áreas del desarrollo

2. Los compromisos en el desarrollo no podrán ser justificados por una discapacidad claramente identificable y tampoco por el cumplimiento de los criterios del retraso global del desarrollo.

Artículo 21 ter. Alumnado con necesidad específica de apoyo educativo por trastornos del desarrollo del lenguaje y la comunicación

1. Se entiende por alumnado con necesidad específica de apoyo educativo por trastornos del desarrollo del lenguaje y la comunicación aquel que presente trastornos de la comunicación diferentes al trastorno del lenguaje y que requiera, por un período de su escolarización, o a lo largo de toda ella, de actuaciones educativas específicas, sin perjuicio de lo dispuesto en el apartado 2 del artículo 20.

2. Se consideran trastornos de comunicación diferentes al trastorno del lenguaje los siguientes:

a) Trastorno fonológico

b) Trastorno de la fluidez de inicio en la infancia (tartamudeo)

c) Trastorno de la comunicación social (pragmático)

Artículo 22. Alumnado con necesidad específica de apoyo educativo por trastornos de atención o de aprendizaje

1. Se entiende por alumnado con necesidad específica de apoyo educativo por trastornos de atención o de aprendizaje aquel que a partir del inicio de la Educación Primaria requiera, por un período de su escolarización o a lo largo de toda ella, de actuaciones educativas específicas para responder a las necesidades derivadas de las siguientes condiciones de funcionamiento personal:

a) Trastorno por déficit de atención y/o hiperactividad

b) Trastornos específicos del aprendizaje matemático y/o de la lectura y/o de la expresión escrita

c) Capacidad intelectual límite

Artículo 24. Alumnado con necesidad específica de apoyo educativo por altas capacidades

1. Se entiende por alumnado con necesidad específica de apoyo educativo por altas capacidades aquel que requiera, por un período de su escolarización, o a lo largo de toda ella, de actuaciones educativas específicas para responder a las necesidades derivadas de un funcionamiento personal caracterizado por la adquisición temprana de aprendizajes instrumentales, o unas aptitudes y habilidades cognitivas, generales o específicas, por encima de lo esperado en su grupo de edad de referencia, sin perjuicio de lo dispuesto en el apartado 2 del artículo 20.

Artículo 25. Alumnado con necesidad específica de apoyo educativo por incorporación tardía al sistema educativo

1. Se entiende por alumnado con necesidad específica de apoyo educativo por incorporación tardía al sistema educativo aquel que, a partir del inicio de la

Educación Primaria, requiera por un período de su escolarización, de actuaciones educativas específicas para responder a las necesidades derivadas de alguna de las siguientes circunstancias:

a) Incorporación tardía al sistema educativo sin desconocimiento de la lengua de aprendizaje

b) Incorporación tardía al sistema educativo con desconocimiento grave de la lengua de aprendizaje, manifestando una competencia lingüística en español inferior al nivel B1 del Marco Común Europeo para las lenguas

Artículo 26. Alumnado con necesidad específica de apoyo educativo por condiciones personales o de historia escolar

1. Sin perjuicio de lo dispuesto en el apartado 2 del artículo 20, se entiende por alumnado con necesidad específica de apoyo educativo por condiciones personales o de historia escolar aquel que requiera, por un período de su escolarización, o a lo largo de toda ella, de actuaciones educativas específicas para responder a las necesidades derivadas de alguna de las siguientes circunstancias:

a) Condiciones de salud, tanto física como emocional, que dificulten de manera significativa la asistencia normalizada al centro docente y/o interfieran significativamente en el proceso de aprendizaje

b) Circunstancias de adopción, acogimiento, protección, tutela o internamiento por medida judicial

c) Alumnado deportista adscrito a programas de tecnificación deportiva y de alto rendimiento autorizados por el Gobierno de Aragón y/o que requiera de una adecuación de la jornada académica como consecuencia de su desarrollo profesional deportivo

d) Alumnado de altas capacidades artísticas adscrito al programa de simultaneidad con enseñanzas profesionales de Música y/o que requiera de una adecuación de la jornada académica como consecuencia de su desarrollo profesional artístico

2. La adopción de actuaciones específicas respecto al alumnado indicado en el subapartado *c)* permitirá compaginar su actividad académica con aquellas que aseguren su desarrollo deportivo excepcional.

Artículo 26 bis. Alumnado con necesidad específica de apoyo educativo por encontrarse en situación de vulnerabilidad socioeducativa

1. Sin perjuicio de lo dispuesto en el apartado 2 del artículo 20, se entiende por alumnado con necesidad específica de apoyo educativo por encontrarse en situación de vulnerabilidad socioeducativa aquel que requiera, por un período de su escolarización, o a lo largo de toda ella, de actuaciones de intervención educativa específicas para responder a las necesidades derivadas de alguna de las siguientes circunstancias:

a) Situación de desventaja socioeducativa derivada de cualquier circunstancia de carácter social, familiar, económico, cultural, geográfico, étnico o de otra índole, en el contexto sociofamiliar del alumnado

b) Escolarización irregular o absentismo escolar

ORDEN ECD/1005/2018, del 7 de junio, por la que se regulan las actuaciones de intervención educativa inclusiva

Artículo 1. Objeto y ámbito de aplicación

Es objeto de esta orden regular las actuaciones de intervención educativa que los centros educativos de la Comunidad Autónoma de Aragón articulen para dar una respuesta inclusiva a la diversidad del alumnado.

Título II. Respuesta educativa inclusiva

Artículo 3. Respuesta educativa inclusiva

La respuesta educativa inclusiva es toda actuación que personaliza la atención al alumnado, fomentando su participación en el aprendizaje y reduciendo su exclusión dentro y fuera del sistema educativo.

CAPÍTULO I. Actuaciones generales de intervención educativa

Artículo 11. Concepto de actuaciones generales

1. Son todas aquellas actuaciones planificadas que se desarrollan en el centro y en el aula con carácter ordinario y que van dirigidas a todo el alumnado, a un grupo o a un alumno en concreto, reflejándose en el Plan de Atención a la Diversidad del centro y, en su caso, en el expediente del alumno.

2. Se desarrollan preferentemente por parte del profesorado en el aula de referencia, contando, si es necesario, con el asesoramiento de la Red Integrada de Orientación Educativa para personalizar la respuesta educativa.

3. Cada centro educativo, en función de su autonomía pedagógica, determinará los criterios organizativos y de evaluación de dichas actuaciones que constarán en los documentos de centro oportunos.

Artículo 12. Actuaciones generales

Las actuaciones generales parten de la autonomía de los centros y se concretan en aquellas prácticas que favorecen la respuesta educativa inclusiva. Dichas actuaciones van dirigidas a toda la comunidad educativa, a un grupo de alumnos o a un alumno en concreto, de forma temporal. Se refieren a la toma de decisiones respecto a:

a) Prevención de necesidades y respuesta anticipada

b) Promoción de la asistencia y de la permanencia en el sistema educativo

c) Función tutorial y convivencia escolar

d) Propuestas metodológicas y organizativas

e) Oferta de materias incluidas en el bloque de asignaturas de libre configuración autonómica

f) Accesibilidad universal al aprendizaje

g) Adaptaciones no significativas del currículo

h) Programas de colaboración entre centros docentes, familias o representantes legales y comunidad educativa

i) Programas establecidos por la Administración competente en materia de educación no universitaria, así como otros en coordinación con diferentes estructuras del Gobierno de Aragón

Artículo 16. Propuestas metodológicas y organizativas

1. En los centros educativos, se articulará la respuesta educativa inclusiva mediante la toma de decisiones colegiada respecto a la organización y metodologías inclusivas recogidas en el Plan de Atención a la Diversidad y en los planes, programas y proyectos del centro y concretadas en la Programación General Anual. Deberá tenerse en cuenta la participación de la comunidad educativa y del entorno social en el proceso de aprendizaje del alumnado.

2. Las decisiones que fomenten la adquisición de las competencias clave se tomarán atendiendo al principio de flexibilidad de estructuras, tiempos y espacios, favoreciendo el uso de distintas metodologías activas tales como el aprendizaje basado en proyectos, el aprendizaje cooperativo, el aprendizaje colaborativo, proyectos de aprendizaje-servicio o itinerarios formativos que atiendan a la diversidad del alumnado.

3. Los apoyos al alumnado se realizarán dentro del aula con carácter general, salvo motivos excepcionales debidamente justificados, con diferentes modalidades:

a) Presencia de dos o más docentes en el aula.

b) Desdobles de grupos de alumnado.

c) Actividades que impliquen tutorización entre iguales.

d) Acompañamiento del alumnado de niveles educativos superiores al alumnado de niveles educativos inferiores o iguales.

e) Realización de las tareas escolares de forma compartida en la que el alumnado se apoya y ayuda entre sí. Estos grupos de alumnos y alumnas podrán pertenecer al mismo o a diferentes niveles educativos.

f) Otras fórmulas que se establezcan.

4. Las propuestas metodológicas deberán contemplar la diversidad familiar y las diferentes culturas del alumnado, siendo necesaria la formación del profesorado en competenciaintercultural.

Artículo 19. Adaptaciones no significativas del currículo
Para lograr la accesibilidad universal al aprendizaje a la que alude el artículo 18 de esta orden, y atendiendo al principio de flexibilidad, se podrán desarrollar adaptaciones no significativas del currículo, entendidas como la adecuación de la programación didáctica y personalización de la respuesta educativa inclusiva, pudiendo contemplar:
a) La priorización y la temporalización de los contenidos y competencias clave
b) El ajuste a los contenidos mínimos
c) El enriquecimiento y profundización de la programación
d) La adecuación de los criterios de calificación, las pruebas, instrumentos, espacios y tiempos de la evaluación en las diferentes etapas educativas

CAPÍTULO III. Actuaciones específicas de intervención educativa

Artículo 26. Concepto de actuaciones específicas
Las actuaciones específicas partirán de las necesidades detectadas en la evaluación psicopedagógica y se concretarán en modificaciones significativas individualizadas y prolongadas en el tiempo, y estarán referidas a:
a) El acceso, los elementos esenciales y la organización del currículo
b) El acceso o la permanencia en el sistema educativo
c) Los recursos necesarios que facilitan el desarrollo de estas actuaciones
d) Se consideran actuaciones específicas de intervención educativa:
— Adaptaciones de acceso
— Adaptación curricular significativa
— Flexibilización en la incorporación a un nivel inferior respecto al correspondiente por edad
— Permanencia extraordinaria en las etapas del sistema educativo
— Aceleración parcial del currículo
— Flexibilización en la incorporación a un nivel superior respecto al correspondiente por edad
— Fragmentación en bloques de las materias del currículo en Bachillerato
— Exención parcial extraordinaria
— Cambio de tipo de centro
— Escolarización combinada

— Programas específicos como:
   I. Programas de promoción de la permanencia en el sistema educativo
   II. Programas de Cualificación Inicial de Formación profesional
   III. Programas de atención al alumnado con problemas de salud mental
   IV. Programas específicos en entornos sanitarios y domiciliarios
   V. Programa de atención educativa para menores sujetos a medidas judiciales. Cualesquiera otras que se determinen por la Administración Educativa.

Artículo 27. Adaptaciones de acceso

1. Las adaptaciones de acceso son aquellas actuaciones que facilitan el acceso a la información, a la comunicación y a la participación de carácter individual, a través de:
   a) La incorporación de ayudas técnicas y de sistemas de comunicación
   b) La modificación y habilitación de elementos físicos
   c) La participación del personal de atención educativa complementaria

Artículo 28. Adaptación curricular significativa

1. Las adaptaciones curriculares se consideran significativas cuando modifiquen los contenidos básicos de las diferentes áreas o materias curriculares, afectando a los objetivos generales y a sus criterios de evaluación y, por tanto, al grado de consecución de las competencias clave correspondientes.

2. Podrán realizarse adaptaciones curriculares significativas en las enseñanzas obligatorias y, excepcionalmente, en el segundo ciclo de Educación Infantil para el alumnado con necesidad específica de apoyo educativo cuando, agotadas las actuaciones generales, necesite un ajuste curricular de, al menos, un curso inferior respecto al que está escolarizado.

3. La evaluación y calificación del alumnado con adaptación curricular significativa se realizará con los criterios de evaluación recogidos en la misma, quedando consignadas las calificaciones con las siglas ACS en los documentos oficiales de evaluación del centro y en la plataforma digital establecida.

4. La adaptación curricular significativa la realizará el profesorado del área o materia adaptada con el asesoramiento de la Red Integrada de Orientación Educativa, y se registrará en un documento específico que se incorporará al expediente académico del alumno y que tendrá los siguientes elementos:
   a) Áreas o materias adaptadas
   b) Nivel o curso de referencia que corresponde a las áreas o materias adaptadas
   c) Criterios de evaluación de las áreas o materias adaptadas

d) Propuestas metodológicas y organizativas

e) Criterios de calificación de las áreas o materias adaptadas

f) Momentos de revisión y decisión de continuación

7. Si un alumno alcanzara los criterios establecidos con carácter general para aprobar un área o materia del nivel en el que está matriculado, se entenderá por superado el desfase curricular. En este caso, será precisa nueva resolución del director del Servicio Provincial del Departamento competente en materia de educación no universitaria para que dicha adaptación curricular significativa deje de tener efecto. Esta modificación se consignará en los documentos de evaluación y en los sistemas informáticos de gestión habilitados para ello.

CAPÍTULO 4
Sentido y proceso de la innovación educativa

Sandra Vázquez Toledo

1. Una aproximación al concepto de innovación educativa

No es tarea simple definir el concepto de innovación educativa; para acercarnos a la expresión, podemos decir que la innovación educativa es un **proceso de indagación** de nuevas ideas, paradigmas, propuestas y aportaciones para dar solución a problemas de la práctica educativa de forma individual y social. Por lo tanto, innovación es una dimensión de cambio que conlleva mejora, que pretende transformar las prácticas educativas **para responder a las necesidades** y retos que se le plantea al sistema educativo. En este sentido, Jaume Carbonell (2001) entiende la innovación educativa como una serie de intervenciones, decisiones y procesos, con cierto grado de intencionalidad y sistematización, que tratan de modificar actitudes, ideas, culturas, contenidos, modelos y prácticas pedagógicas; y de introducir nuevos proyectos y programas, materiales curriculares, estrategias de enseñanza y aprendizaje, modelos didácticos y otra forma de organizar y gestionar el currículo, el centro y la dinámica del aula.

Otros autores, como De Diego (2007), coinciden en esta idea, el cual entiende que la innovación educativa se caracteriza por ser un **cambio deliberado y planificado** —no casual—, tener como **finalidad la mejora,** el aprendizaje y el crecimiento, tener intención de consolidarse y mantenerse en el tiempo, superando la pura anécdota, y desarrollarse a pequeña escala en la institución o equipo docente.

Saturnino de la Torre (1997) incide en ello; considera que la innovación es una acción que implica la existencia de un cambio, planificado e intencionado. Y entiende, a su vez, la innovación como expresión social y colaborativa de la creatividad, dado que integra categorías como iniciativa, inventiva, originalidad, disposición al cambio, aceptación del riesgo, proceso adaptativo, pero sobre todo colaboración y disposición a compartir valores, proyectos, procesos, actuaciones conjuntas y propuestas evaluativas. E insiste en una idea muy interesante: que la polinización de la creatividad tiene lugar a través de proyectos de innovación curricular.

Como podemos observar en la diversa bibliografía (Gardner, 1995; Ya-Hui, 2009; Gerver, 2012; Arias, Giraldo, Anaya, 2013; Acaso y Megías, 2017; Menchén

2019; Policastro, 2021), la **creatividad** ha sido identificada como una **condición básica** en los procesos de innovación y cambio.

Por otro lado, Vincent-Lancrin *et al.* (2019) definen la innovación como «un nuevo o mejorado producto o proceso (o combinación de ambos) que difiere significativamente del anterior y que se ha puesto a disposición de los usuarios potenciales (producto) o llevado a cabo por los mismos (proceso)» (p. 17). Igualmente establecen una clasificación de la innovación en dos tipos: «innovación de producto», que se daría cuando las organizaciones educativas utilizan nuevos productos y servicios, o mejoran los existentes (libros, aspectos organizacionales, material educativo, recursos, etc.), e «innovación de proceso», que ocurriría cuando estas organizaciones introducen nuevos servicios, pedagogías, formas de organización de actividades, agrupamientos de los alumnos y del profesorado, estrategias de *marketing* o relaciones con la comunidad exterior, herramientas de comunicación, etcétera.

En síntesis, podemos considerar la innovación como un cambio deliberado y sistematizado que pretende transformar significativa y cualitativamente alguna parte relevante de un sistema con el objetivo de mejora, donde la creatividad es un ingrediente imprescindible.
Parte siempre de la crítica o reflexión profunda de la situación original.
Se trata de un proceso, no de una acción puntual ni una acción anecdótica.

---

2. Sentido de la innovación educativa

¿Qué sentido tiene plantear innovaciones educativas? ¿Es necesario? ¿Por qué y para qué debemos innovar?

La innovación siempre tiene un objetivo esencial: cambiar o transformar para mejorar la realidad educativa de manera intencional y sostenible. Pero coincidimos con Zabalza y Zabalza (2012) en que la innovación educativa no es simplemente hacer algo distinto, sino que lo que decidimos emprender en algún campo educativo nos brinde mejores resultados desde la acción reflexiva; no se trata de cambiar por cambiar.

Es un proceso que «debe empezar con la reflexión conjunta sobre cómo queremos que sea un centro educativo a nivel de enseñanza, cómo queremos que el alumnado aprenda, qué estrategias, recursos y métodos utilizaremos para organizarlos» (Hernández de la Torre y Medina, 2014, p. 503). Por lo tanto, la innovación educativa **implica una transformación en el pensamiento,** creencias y prácticas educativas, es decir, en el modo de entender y percibir la educación.

En este sentido, Castellano *et al.* (2021) inciden en que la innovación educativa es uno de los caminos que **promueve una docencia reflexiva, creativa y crítica** en el campo disciplinar en el que se desenvuelve el docente; junto a este principio, se desarrolla un escenario de necesidad formativa que conduce al aprendizaje a lo largo de la vida. Es decir, la necesidad de que el docente se piense como un aprendiz permanente que adquiere nuevas competencias en diferentes campos que enriquecen su práctica pedagógica. Ahora bien, dicho cambio requiere abandonar antiguos paradigmas que asumimos como verdades irrefutables para pensar fuera de la caja, es decir, desde otros marcos de referencia que permiten vislumbrar oportunidades antes ignoradas (p. 2).

«La innovación educativa es un aspecto fundamental para **mejorar la calidad de la enseñanza** y **el aprendizaje** en los centros escolares» (Martínez, Lozano y Roldán, 2018, p. 13), porque se convierte en un **mecanismo** que, entre otras cosas, **permite a la escuela adaptarse y responder a las demandas educativas** impuestas por esta sociedad digital, global y plural que se encuentra en constante evolución. Se trata de responder a todos los avances de este siglo que conllevan **transformaciones** sustanciales **en las prácticas y escenarios educativos**.

Pero, para lograr esta transformación y mejora de la calidad, «la innovación educativa demanda un cambio de paradigma, el manejo de herramientas tecnológicas de última generación, la utilización de recursos ya existentes de manera efectiva, dotación de materiales e infraestructura, nuevos diseños curriculares, replanteamientos de los procesos administrativos y de la filosofía de gestión, para lograr todo esto, se necesita de la voluntad de las autoridades en materia educativa y de la disposición del recurso humano de cada institución, muy especialmente los docentes como ejecutores del proceso enseñanza aprendizaje» (Mero, 2022, p. 333). Supone alejarse de modelos y prácticas pedagógicas tradicionales, donde el alumno es un actor pasivo y donde se prima un aprendizaje memorístico, y avanzar hacia metodologías activas, donde se trabaje competencias como la creatividad, el pensamiento crítico, el emprendimiento y el compromiso.

Como indican Gallardo-López y López-Noguero (2020), es tiempo de repensar la educación y de caminar hacia una escuela más eficiente **ante los desafíos** que plantean las nuevas sociedades y la innovación **es una de las herramientas** para lograrlo.

3. El proceso de innovación

Todo proceso de innovación se compone de diversos pasos, que permiten el desarrollo y consolidación de la innovación. Se trata de un proceso cíclico, en espiral, donde cada fase está vinculada con la anterior y la siguiente (Robanilo y Eroles, 2010).

El Ciclo en el Proceso de Desarrollo y Consolidación de la Innovación

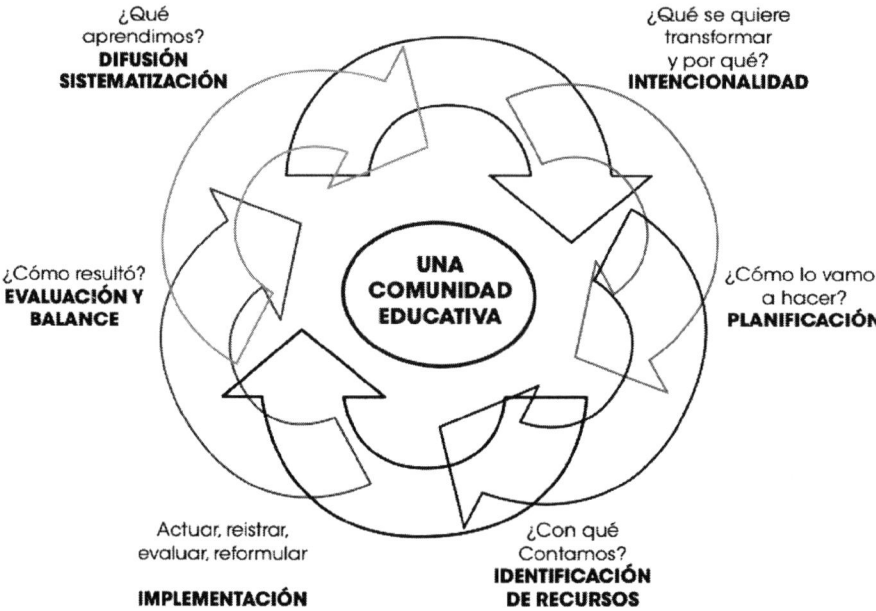

Fuente: adaptado de Robalino y Eroles (2010)

La Unesco (2016, pp. 42-43) profundiza en este proceso y en sus diferentes fases:

Fase 1: Intencionalidad/identificación de necesidades

Se parte de una intencionalidad. Es la comunidad educativa la que se interroga acerca de lo que quiere transformar y por qué. Y se define la meta hacia la cual llegar.

Fase 2: Planificación

Se trata de la programación (la secuenciación de los pasos) que permita conocer cómo se va a implementar el cambio requerido.

Fase 3: Identificación de recursos

Se identifican los recursos materiales, humanos, tecnológicos, infraestructura, etc., con los que se cuenta y también aquellos de los que no se dispone y que se requieren para llevar a efecto una mejora o cambio educativo.

Fase 4: Implementación y desarrollo

Consiste en poner en práctica la planificación, registrar las acciones emprendidas, los resultados y hacer los ajustes necesarios. En esta fase, la reflexión permanente es necesaria para dirigir y redirigir las acciones. Y la flexibilidad se convierte en un factor fundamental ante los imprevistos.

Fase 5: Evaluación y balance

Es repreguntarse nuevamente sobre cómo resultó todo el proceso, los resultados que se obtuvieron, las lecciones que se aprendieron.

Para evaluar, se puede utilizar un instrumento que permita visualizar el nivel de cambio o mejora. Se pueden utilizar indicadores de resultados, de procesos, de estrategias. Se pueden incluir otro tipo de registros como diarios, bitácoras que resultarán útiles en el momento de sistematización de la experiencia.

Pero no olvidemos que las innovaciones tienen que ser evaluadas en relación con las metas y objetivos de una determinada comunidad educativa; no son transferibles sin más de un centro a otro (Sánchez y Murillo, 2010).

Fase 6: Sistematización/difusión

Mediante un proceso de construcción colectiva del conocimiento, se registra el proceso; se lo comparte con otras escuelas, con la comunidad, etcétera.

4. Requisitos para innovar

Para poder llevar a cabo el proceso de innovación, es importante que los docentes cuenten con los elementos necesarios para ello. Fidalgo-Blanco (2020) entiende que los docentes concretamente necesitan de conocimientos, herramientas, tecnología y, además, de una metodología que seguir para encontrar la mejor forma de innovar.

Carmiña *et al.* (2003) han condensado en forma de decálogo los principios clave que, a su entender, deben regir el proceso de innovación:

- La convicción: se debe innovar por convicción personal de que hay una necesidad, no con el objetivo de incrementar méritos de currículo o a la espera de gratificaciones.
- Las ganas: para innovar, solo se necesitarán ganas de hacerlo; todo lo demás (medios, recursos, etc.) vendrá por añadidura.
- El cambio de mentalidad: la innovación docente exige un profundo cambio de mentalidad y actitudes ante el proceso de enseñanza-aprendizaje, tanto de los profesores como de los aprendices. Es una cuestión de actitud.

- Precisa de continuidad y es progresiva: supone un proceso de cambio continuo sometido a la retroalimentación de los resultados, cuyos elementos (objetivos, sujetos, recursos) se van aumentando de forma progresiva a medida que se van alcanzando.
- Existe una bidireccional y flexiblibilidad: debe ser un proceso bidireccional (docente-aprendiz viceversa), con estructura flexible, que posibilite las modificaciones necesarias.
- El aprendizaje: su objetivo último es mejorar el aprendizaje de los aprendices. No se innova solo para que los alumnos aprendan más, sino para que aprendan mejor.
- La formación en capacidades: tan importante como el aprendizaje de conocimientos, también son importantes las cualidades, las actitudes, la creatividad, el liderazgo, etcétera.
- El cambio de roles: el profesor como orientador/mediador/facilitador del aprendizaje y el alumno como responsable último de su aprendizaje.
- Las nuevas tecnologías: la innovación requiere la utilización de las TIC, eso sí, considerándose como un medio y no como un fin.
- La evaluación: debe estar integrada a toda innovación en el sentido de evaluar para mejorar.

Conocimiento profundo del contexto + competencias profesionales + motivación

---

5. ¿Qué es un proyecto de innovación educativa?

Se entiende por proyecto de innovación **un plan o propuesta de trabajo organizada y sistematizada** que se diseña o se constituye como una alternativa a lo tradicional, plantea cambios significativos a las concepciones y prácticas pedagógicas para mejorar los ambientes educativos y los entornos sociales en los cuales surgen y se desarrollan. En este plan se recoge, tras una reflexión profunda, una **planificación estratégica** para dar solución a una necesidad o problemática de manera sistematizada y sostenida en el tiempo. Se plantea para un período de tiempo, se define la situación problemática, se planifican los recursos adecuadamente para conseguir unos objetivos y resultados, la metodología con la que se va a desarrollar y la evaluación.

Algunas características que debe tener un proyecto de innovación educativa (DINESST, 2003) se concretan en:

— Partir de un proceso de reflexión y selección de los problemas pedagógicos más importantes del centro educativo, planteando alternativas viables de solución.

— Proponer estrategias y actividades concretas para atender las necesidades y demandas pedagógicas más sentidas.

— Estar orientado a la mejora de la calidad educativa y el desarrollo docente.

— Estar articulado al desarrollo institucional del centro educativo.

— Movilizar a la comunidad externa al centro educativo, estableciendo redes de trabajo cooperativo en relación con el objetivo del proyecto.

— Los objetivos planteados deben ser claros y precisos, factibles de alcanzar, medir y verificar su ocurrencia.

— Coherencia entre los elementos internos del proyecto: problema seleccionado, objetivos, actividades, indicadores de evaluación y presupuesto.

— El acompañamiento y la evaluación deben estar planteados desde el inicio del proyecto y desarrollarse de manera permanente.

— El proyecto debe ser sostenible en el tiempo, una vez finalizado el financiamiento y factible de ser institucionalizado.

— Trabajo en equipo y compromiso de la comunidad educativa (directivos, docentes, administrativos, alumnos y padres de familia), quienes deben participar en todas las etapas del proyecto: planificación, ejecución y evaluación del mismo.

En lo que respecta a la estructura de los proyectos de innovación, podemos encontrarnos con diversas propuestas, pero todo proyecto al menos debería contemplar los siguientes elementos:

I. Introducción y justificación del proyecto (contextualización, análisis de necesidades o problemática, público al que se dirige, etapa educativa, curso…)
— ¿Qué se quiere hacer?
— ¿Por qué se quiere hacer?
— ¿A quién va dirigido?

II. Objetivos del proyecto
— ¿Qué queremos lograr? ¿Qué se pretende?

III. Competencias/contenidos
— ¿Qué se quiere trabajar?

IV. Aspectos metodológicos y organizativos (plan de trabajo, actividades, temporalización y secuenciación)
— ¿Cómo se quiere hacer?
— ¿Dónde se quiere hacer?
— ¿Cuándo se va a hacer?

V. Recursos humanos y materiales (incluso también económicos)
— ¿Quiénes lo van a hacer?
— ¿Con qué se quiere hacer o se va a costear?

VI. Proceso de seguimiento y evaluación (medición del impacto del proyecto)
— ¿Qué se va a evaluar?
— ¿Cómo y con qué se va a evaluar?

VII. Conclusiones
— ¿Qué resultados se pretende conseguir en relación con los objetivos planteados?
— ¿Qué impacto tendrá el proyecto?
— ¿Qué continuidad o proyección de futuro tiene el proyecto?

VIII. Difusión
— ¿Cómo vamos a dar visibilidad a esta buena práctica?
— ¿En qué foros o medios vamos a difundir el proyecto?

---

6. Algunos tipos de proyectos que podemos plantear para generar ideas

a) **Proyectos que afecten a alguno de los componentes o procesos de la docencia,** entre los que cabría destacar:
— Mejora de los procesos de planificación y revisión de la práctica docente
— Cambios que afecten a la selección, secuenciación y organización de objetivos y contenidos de una o varias materias
— Proyectos que aborden la interdisciplinariedad
— Mejora y experimentación de métodos de enseñanza
— Innovación en las estrategias de evaluación del alumnado y de evaluación de la propia docencia para la mejora, etcétera

b) **Proyectos que afecten explícitamente al alumnado:**
— Proyectos centrados en la mejora de estrategias de aprendizaje
— Proyectos de desarrollo de la acción tutorial
— Proyectos que impulsen mejoras en la formación cultural y en el desarrollo de capacidades básicas o competencias de los alumnos (capacidad de juicio razonado, análisis crítico, trabajo cooperativo, desarrollo de la iniciativa personal, búsquedas bibliográficas, redacción de informes, elaboración de ensayos, trabajos monográficos, exposición oral de temas, etcétera)

c) **Proyectos que afecten a la formación o a la competencia docente y que planteen estrategias de formación para la mejora de la docencia,** como:

— Creación de grupos de reflexión-acción, de coordinación, de planificación, de evaluación
— Grupos, seminarios (permanentes o episódicos) o sesiones de intercambio de experiencias del profesorado sobre su propia práctica docente
— Grupos mixtos con participación del alumnado
— Proyectos centrados en la creación de grupos de debate teórico sobre la docencia, adoptando distintos formatos: discusión de documentos o debates con expertos
— Proyectos que planteen la formación del profesorado novel
— Proyectos que aborden el trabajo sobre algunas o la totalidad de las competencias o dimensiones de la actividad docentes

6. Indicadores o criterios para valorar una innovación educativa

¿Cómo podemos valorar si lo que estamos haciendo es una innovación? Para poder responder a estas preguntas, necesitamos contar con unos referentes, con unos criterios que nos sirvan a modo de indicadores. Vamos a tomar como referencia los 12 criterios que caracterizan a una innovación educativa basada en los criterios la Red Innovemos de la Unesco (2001) y en Blanco y Messina (2000).

Estos criterios nos pueden servir como marco de referencia para delimitar el campo de la innovación educativa; es decir, nos permiten identificar y garantizar si se trata realmente de una innovación y que tendrá razonables probabilidades de éxito. Pero no olvidemos, que cualquier criterio debe ser objeto de revisión constante y deben aplicarse con flexibilidad.

De acuerdo con lo anterior, los criterios para caracterizar a una innovación educativa son: novedad, intencionalidad, interiorización, creatividad, sistematización, profundidad, pertinencia, orientación hacia los resultados, permanencia, anticipación, cultura y diversidad de agentes.

Criterio	Descripción
Novedad	Si estamos presentado algo novedoso…, pero, cuando hablamos de algo novedoso, nos estamos refiriendo a que se introduce algo nuevo en una situación, algo nuevo que propicia una mejora con respecto a una situación anterior definida.
	No es necesario que sea una invención, pero sí que conlleve una manera diferente de configurar y vincular los elementos que son objeto de la innovación.

Criterio	Descripción
Intencionalidad	La innovación tiene un carácter intencional: es un cambio que deliberadamente se propone lograr una mejora, una intención congruente con el contexto. Los cambios que ocurren sin una intención y una planificación explícitas no se pueden considerar como innovaciones.
Interiorización	La innovación implica una aceptación y apropiación del cambio por parte de las personas que han de llevarlo a cabo. En términos individuales, los cambios corresponden a un desarrollo de la personalidad, en el ser, el saber y el hacer, en un proceso de interiorización de la innovación. Para la institución, se traduce en cambios en la cultura organizacional. La mejora que representa la innovación ha de responder a los intereses de todos los involucrados, para que su impacto sea significativo y los cambios que produzca tengan cierta permanencia.
Creatividad	La creatividad se refleja en la capacidad para identificar mejoras, fijar metas y diseñar estrategias que aprovechen los recursos disponibles para lograrlas.
Sistematización	La innovación es una acción planeada y sistemática que involucra procesos de evaluación y reflexión crítica acerca de la práctica y la innovación misma. La sistematización del proceso de innovación permite generar información contextualizada que sirve de base para la toma de decisiones fundamentadas.
Profundidad	La innovación implica una auténtica transformación; genera cambios en las concepciones, las actitudes y las prácticas educativas. La innovación no solo produce cambios profundos en las instituciones, sus procedimientos y sus materiales; también transforma a los actores educativos, sean estos personas o sujetos colectivos. Supone una ruptura con la rutina y lo aceptado.
Pertinencia	La innovación responde a un contexto socioeducativo. El contexto se reconoce como uno de los factores más importantes en el éxito de las innovaciones, por lo que se deben tomar en cuenta sus características, haciendo de la innovación una solución a una problemática bien definida. El contexto es tan determinante que lo que en uno puede ser innovador, en otro, no lo es, determinando el carácter mismo de innovación de una experiencia.
Orientada a los resultados	La innovación no es un fin en sí misma, sino un medio para lograr mejor los fines de la educación. Los resultados de un sistema educativo son diversos; pueden producirse mejoras en los aprendizajes de los alumnos, en la gestión del conocimiento y en los proyectos conjuntos y en los convenios concretos que se establecen entre las escuelas y las industrias, el Gobierno y las organizaciones sociales, entre otros. La innovación ha de servir para mejorar la calidad y la equidad del sistema educativo.

Criterio	Descripción
Permanencia	Se ha mantenido durante el tiempo necesario para convertirse en la nueva normalidad. La complejidad de la innovación implica cambios en distintos niveles que requieren de tiempos diversos para que ocurran y se consoliden.
Anticipación	En una innovación educativa, los objetivos que se quieren lograr están claros. Sin embargo, hay que considerar que las innovaciones educativas, como resultado de un proceso interactivo en el que pueden surgir imprevistos, suelen seguir caminos diferentes en la práctica. Siendo flexibles, se pueden definir problemas nuevos en el trayecto y resolverlos para seguir, de manera flexible, tratando de lograr el cambio deseado.
Cultura	La innovación produce cambios tanto en las concepciones como en la práctica. Estos cambios contribuyen a formar una actitud abierta a nuevos cambios, una actitud que no permita que la misma innovación se vuelva rígida. Las reformas no siempre logran transformar realmente la cultura de las escuelas.
Diversidad de los agentes	La diversidad de los agentes que participan en la red responsable de la innovación permite la articulación de los esfuerzos en las diversas dimensiones que atañen a la innovación. Pero esto es complejo y surgen conflictos por el contraste de perspectivas distintas, pero también potencia la capacidad del trabajo colaborativo para enfrentarse a problemas multidimensionales que no se pueden reducir a las perspectivas particulares de los individuos.

8. Algunos factores de éxito y fracaso de las innovaciones

Las innovaciones educativas dependen de diversos factores; fundamentalmente, el contexto, los patrones culturales específicos, el campo de conocimiento y la visión de la educación en la que se enmarcan (Red Innovemos de la Unesco, 2001).

A) **Factores de éxito: ¿qué lleva a una innovación a que salga adelante y perdure en el tiempo?**

Fullan (2002) nos aproxima a una respuesta donde atiende a diferentes aspectos que permiten considerar el éxito de la innovación. Estos son:

- El compañerismo entre maestros, el trabajo colaborativo, el compartir…
- En la frecuencia de la comunicación entre docentes, es necesario generar espacio de encuentro e intercambio entre docentes, para compartir inquietudes y que surjan sinergias de trabajo.
- Los espacios para la reunión donde, individual o colectivamente, puedan dar y recibir ayuda, conversar, etcétera.

- El apoyo mutuo o la ayuda durante el proceso de cambio. Es positivo contar con ayuda externa, porque nos permite aclarar dudas surgidas en la práctica. Si encontramos experiencias similares en desarrollo o ya desarrolladas, nos proporciona seguridad; no lleva a no improvisar.
- La actualización de conocimientos y habilidades. La formación para la innovación es importante; hay que estar al día de las nuevas tendencias e investigar continuamente

A estos factores también podríamos añadir:
— El tema de trabajo. El tema de trabajo no debe ser alejado de los temas habituales y cotidianos de aula.
— La experiencia que se plantea debe despertar intereses a los profesores, es decir, aprender algo más (incide en el desarrollo docente), generando actitud positiva.
— Otro factor de éxito es que la experiencia reciba una valoración y reconocimiento social de alumnos, dirección, colegas, etc., o que genera beneficio social y personal, junto con la recompensa social. Es lo que se denomina motivación transcendental.
— La colaboración general del centro, disponibilidad de espacios, adecuados horarios de uso, recursos… es un factor facilitador.
— Y, finalmente, la comunicación y difusión, además de entre los miembros implicados, es importante dar a conocer la experiencia y sus resultados a toda la comunidad, porque la publicación de los proyectos y de su evaluación tiene un fuerte impacto en el cambio educativo.

Asimismo, algunas investigaciones manifiestan que gran parte del éxito de los proyectos educativos innovadores se halla en el perfil de los actores sociales involucrados. Así, Wagner (2012) plantea que las personas innovadoras se caracterizan por

> […] escuchar y observar, saber hacer buenas preguntas y asociaciones, además de gustar de la experimentación. Es decir, que quien innova es curioso y pregunta porque desea entender; escuchar y aprender perspectivas y experiencias diferentes de otros; desarrolla pensamiento asociativo e integral y permanentemente vincula la acción con la experimentación (p. 77).

B) Factores de fracaso o resistencias al cambio: ¿por qué, en ocasiones, las innovaciones no funcionan?

Elliott (1996, p. 515) nos daba algunas de las claves, y nos indicaba que «uno de los errores está en considerar las innovaciones educativas como tecnologías que pueden ser transferidas para trabajar del mismo modo y con los mismos resultados en cada aula y en cada escuela».

> y es que las innovaciones promovidas por la administración educativa e implantadas a nivel general en todos los centros muchas veces no logran sus objetivos, aunque cuenten con el respaldo de especialistas. Suelen situarse en un «paradigma técnico» (el especialista prescribe buenas prácticas, lo que hay que hacer, y el profesor lo hace) y proponen al profesorado cambios curriculares (contenidos, metodologías...) que buscan la eficacia y la eficiencia sin tener en cuenta las especifidades de cada centro, de sus profesores y de sus alumnos.

Hay muchos otros factores que obstaculizan los procesos de cambio. Cañal (2002) señala diversos:
— La falta de cultura docente o la actitud del docente.
— La inercia institucional. Nos referimos a la tendencia de continuar haciendo las cosas de la misma manera que se ha hecho siempre, que viene condicionada por las rutinas personales y profesionales.
— El individualismo docente, donde el aula se convierte en un poder infranqueable de autonomía o independencia.
— Lagunas de formación del profesorado, que sigue siendo de corte academicista.

Asimismo, no podemos obviar que los cambios en educación son costosos y, en ocasiones, efímeros. Algunas de las razones son:
— En ocasiones, los cambios suelen ser muy ambiciosos, de manera que los profesores deben trabajar en muchos frentes, lo que lleva a que puedan aparecer pocos cambios reales.
— Otras veces, los cambios se presentan con demasiada rapidez para que las personas puedan asumirlo, o también demasiado lentamente, con lo que las personas se aburren.
— A veces, se apoyan en escasos recursos o con recursos que desaparecen una vez que las innovaciones se han puesto en marcha.
— O puede ser que los agentes no se implican en los cambios, o se vuelven resistentes y prefieren las formas más tradicionales.

9. Niveles de innovación educativa

Cuando implementamos una innovación, no todos los cambios que se producen tienen el mismo nivel o repercusión en nuestro contexto. Por ello, conocer una clasificación que nos permite entender mejor el impacto que puede tener una innovación educativa es importante. De una manera muy simple, podemos encontrarnos con diferentes niveles (Fondep, 2007):

- **Nivel inicial**

Cuando se adopta una idea, una teoría, una propuesta o una experiencia pedagógica ya existente y la adapta a la realidad de la institución educativa. Es decir, se trata de una idea o propuesta cuyo éxito ha sido comprobado por otros y permitió abordar o resolver una situación problemática similar o parecida a la que existe en nuestra realidad educativa.

- **Nivel medio**

Se toma una idea ya existente; se añaden elementos propios o nuevos, que contribuyan a resolver la situación problemática o potenciar las capacidades existentes en la institución educativa.

- **Nivel alto**

Se crea una propuesta novedosa, con la finalidad de dar respuesta a un problema que se presenta en la institución educativa. Se trata de crear algo nuevo o darle un uso diferente para lo que fue creado.

Del mismo modo, existen otras clasificaciones de los niveles de innovación vinculadas a los modelos o paradigmas educativos, como la propuesta realizada por Moreno (1997), el cual establece tres grados diferenciados.

A) **Innovaciones de primer grado o empíricas analíticas**

Son aquellas que responden a cambios implementados en la práctica pedagógica desde una racionalidad instrumental o técnica. Estas carecen de una reflexión profunda acerca del actuar; su objetivo es hacer cosas, pero sin saber cómo se hacen; aumentar la producción es su objetivo. Poseen una intención tecnocrática.

La toma de decisiones proviene de ordenamientos jerárquicos, objetivos y resultados preestablecidos.

B) **Innovaciones de segundo grado o histórico-prácticas**

Son propuestas desde lo moralmente establecido y los documentos sobre la vida escolar son el nervio central de sostén de estas innovaciones. Su interés radica en interpretar las acciones a través de la historia de los valores de la institución escolar. Estas innovaciones solo se limitan a favorecer las condiciones para la interpretación de la acción pedagógica, para que sea práctica.

C) **Innovaciones de tercer grado o crítico-sociales**

Se caracterizan porque su génesis arranca de la interacción crítica de quienes participan en el proceso de innovación.

Su propósito se relaciona con la dignificación humana.

Se orientan a través del método autorreflexivo, que apunta al entendimiento mutuo entre participantes. Se pregunta acerca del cómo de la innovación, sobre los obstáculos y las posibilidades para la acción prospectiva.

10. Escuelas innovadoras

La innovación surge en un contexto, en un caldo de cultivo que permite que las personas piensen y desarrollen los mejores proyectos para favorecer un aprendizaje de calidad en los alumnos (Marcelo y Vaillant, 2009). Las escuelas innovadoras son un referente para la estructuración del sistema educativo que permite orientar la búsqueda de las características del sistema educativo al que tenemos que tender.

Martínez-Celorrio (2016), en el *Informe España 2016,* define las escuelas innovadoras a través de un decálogo de características diferenciales. Así, las escuelas «avanzadas» se caracterizan por:

— Ejemplifican procesos de reestructuración escolar: organización, espacios, tiempos, metodologías y relaciones con el alumnado.
— Priorizan la centralidad del alumno a través de metodologías didácticas y evaluativas personalizadas.
— Apuestan por la globalización curricular, el aprendizaje por proyectos y la interdisciplinariedad y transversalidad del conocimiento.
— Practican la evaluación formativa con retroalimentación hacia el alumnado.
— Apuestan por cambiar tiempos y espacios, a través de nuevos diseños de salas y aulas pensadas para el trabajo en equipo.
— Promueven la diversidad de edades en las aulas y grupos de trabajo.
— Impulsan la participación activa y la jerarquía horizontal de la dirección, el profesorado, las familias y los alumnos.
— Se preocupan por crear un clima afectivo y emocional positivo.
— Cuentan con un profesorado reflexivo, que se implica con una cultura profesional colaborativa, y una fuerte identidad de centro.
— Son organizaciones abiertas al entorno, y forman redes y alianzas mutuas que integran aprendizaje formal, no formal e informal.

Algunas ideas básicas sobre innovación educativa

1 ¿Qué es?
— Una actitud
— Una manera de avanzar y mejorar
— Dar respuesta a retos y/o necesidades
— Transformación/cambio
— Motor de…
— Supone pensar en personas y desarrollo
— No es una ocurrencia ni es algo puntual (duradero)
— Intencional y deliberado

2. ¿Qué genera?
— Nuevas prácticas
— Nuevas experiencias
— Nuevos métodos
— Otras formas de hacer las cosas o de organizarse
— Mejora la práctica profesional

3. ¿Qué necesita? Ingredientes básicos
— Plantarse/cuestionar las cosas/analizar el entorno
— Competencias: proactividad, emprendimiento, creatividad y liderazgo
— Tomar y asumir riesgos/no tener miedo al fracaso
— Apertura (mente abierta)
— Recursos o actitud para buscarlos
— Capacitación y formación
— Experimentación
— Adaptarse a la realidad
— Hacer un seguimiento y evaluación

4. Autores para leer
— Ken Robinson
— Richard Gerver
— Howard Gardner
— María Ascaso
— Michael Fullan
— Jaume Carbonell…

Bibliografía

ACASO, M., y MEGÍAS, C. (2017), *Art Thinking. Cómo el arte puede transformar la educación,* Barcelona, Paidós, 2017.

ARIAS, C.; GIRALDO, D., y ANAYA, L. (2013), «Competencia, creatividad e innovación: conceptualización y abordaje en la educación», *Katharsis,* n.º 15, pp. 195-213, <http://revistas.iue.edu.co/index.php/katharsis/article/view/245/0>.

BLANCO, R., y MESSINA, G. (2000), *Estado del arte sobre las innovaciones educativas en América Latina,* Colombia, Convenio Andrés Bello-Unesco.

CAMIÑA, C.; BALLESTER, E.; COLL, C., y GARCÍA, E. (2003), «Mitos y realidades de la innovación educativa», en *XI Congreso Universitario de Innovación Educativa en las Enseñanzas Técnicas, Vilanova i la Geltrú, Julio.*

CAÑAL DE LEÓN, P. (2002), *La innovación educativa,* Madrid, Akal, 2002.

CARBONELL, J. (2001), *La aventura de innovar. El cambio en la escuela,* Madrid, Morata, 2001.

DE DIEGO, J. (2007), «Evaluación y formación para la mejora de la práctica asesora», en J. Bonals y M. Sánchez-Cano (coords.), *Manual de asesoramiento pedagógico,* Barcelona, Graó, 2007, pp. 67-99.

ELLIOTT, J. (1996), «Educational innovation: the contribution of action research», en *L'educació: el repte del tercer mil·lenni,* Barcelona, Thau, 1996.

ESCUDERO, J. (1988), «La innovación y la Organización Escolar», en R. Pascual Pacheco, *La gestión educativa ante la innovación y el cambio,* Madrid, Narcea, 1988, pp. 84-99.

FIDALGO-BLANCO, Á. (2020), «El papel de la innovación educativa durante la pandemia COVID-19», *Zenodo,* n.º 13, pp. 1-13, <https://doi.org/0.5281/zenodo.4319648>.

FONDEP (FONDO NACIONAL DE DESARROLLO DE LA EDUCACIÓN PERUANA) (2008), *Guía de Diseño de Proyectos,* Lima, Fondep, 2008.

FULLAN, M. (2002), *Los nuevos significados del cambio en la educación,* Barcelona, Octaedro, 2002.

GALLARDO-LÓPEZ, J. A., y LÓPEZ-NOGUERO, F. (2020), «A School in Crisis: Educational Challenges from a Social Education Perspective», *Revista Educativa HEKADEMOS,* n.º 29, pp. 12-22.

GARDNER, H. (1995), *Mentes creativas: una anatomía de la creatividad vista a través de las vidas de Sigmund Freud, Albert Einstein, Pablo Picasso, Igor Stravinsky, T. S. Eliot, Marta Graham y Mahatma Gandhi,* Barcelona, Paidós, 1995.

GERVER, R. (2012), *Crear hoy la escuela del mañana: la educación y el futuro de nuestros hijos,* Madrid, SM, 2012.

HERNÁNDEZ DE LA TORRE, E., y MEDINA, H. (2014), «Análisis de los obstáculos y barreras para el cambio y la innovación en colaboración en los centros de secundaria: un estudio de caso», *Revista de Investigación Educativa,* n.º 32(2), pp. 499-512.

MARCELO, C., y VAILLANT, D. (2009), *Desarrollo profesional docente,* Madrid, Narcea, 2009.

MARTÍNEZ, M. J.; LOZANO, I., y ROLDÁN, I. (2018), «La calidad e innovación educativa en la formación continua docente: un estudio cualitativo en dos centros educativos», *Revista Iberoamericana de Educación,* n.º 77(1), pp. 13-34.

MARTÍNEZ-CELORRIO, X. (2016), *Innovación y reestructuración educativa en España: Las escuelas del nuevo siglo,* en A. Blanco y A. Chueca (coords.), *INFORME España 2016,* Madrid, Cátedra J. M. Martín Patino, Universidad Pontificia Comillas, pp. 43-80.

MENCHÉN BELLÓN, F. (2019), *Cómo capacitar excelentes docentes innovadores: el sistema creativo del ser humano,* Ediciones Díaz de Santos, <https://www.editdiazdesantos.com/wwwdat/pdf/9788490522431.pdf>.

MERO GARCÍA, W. R. (2022), «La innovación educativa como elemento transformador para la enseñanza en la unidad educativa "Augusto Solórzano Hoyos"», *Revistam EDUCARE, 2.0,* n.º 26(2), pp. 310-330, <https://doi.org/10.46498/reduipb.v26i2.1775>.

MINISTERIO DE EDUCACIÓN (DINESST) EQUIPO DE INNOVACIONES EDUCATIVAS (2003), *Guía de formulación de Proyectos de Innovación Educativa,* Lima (Perú), 2003.

MORENO, M. (1997), *Innovaciones Pedagógicas. Una propuesta de evaluación Crítica,* Bogotá, Magisterio, 1997.

POLICASTRO, E. (2021), *Creatividad y genio: del caos a la innovación,* Almería, Círculo Rojo, 2021.

ROBALINO, M., y EROLES, D. (2010), *Nuevos tiempos, nuevos desafíos: calidad de la Educación con enfoque de derecho e innovaciones educativas. Oficina de Unesco, Quito y Red Innovemos (OREALC/Unesco). Presentación para el Encuentro «Educación e Innovación 2010», organizado por el Ministerio de Educación de Ecuador y VVOB, 2 y 3 de diciembre 2010,* Cuenca (Ecuador).

SÁNCHEZ MORENO, M., y MURILLO ESTEPA, P. (2010), «Innovación educativa en España desde la perspectiva de grupos de discusión», *Profesorado: Revista de currículum y formación del profesorado,* n.º 14(1), pp. 171-189.

TORRE, S. DE (1997), *Innovación Educativa. El proceso de innovación,* Madrid, Dykinson.

UNESCO (2001), *Red de Innovaciones Educativas para América Latina y el Caribe,* <http://innovemos.unesco.cl/>.

UNESCO (2016), *Serie Herramientas de apoyo para el trabajo docente. Texto 1. Innovación Educativa,* Perú, Cartolan EIRL, <http://unesdoc.unesco.org/images/0024/002470/247005s.pdf>.

VINCENT-LANCRIN, S.; URGEL, J.; KAR, S., y JACOTIN, G. L. (2019), *Measuring Innovation in Education 2019: What Has Changed in the Classroom?, Educational Research and Innovation,* París, OECD Publishing, 2019, <https://doi.org/10.1787/9789264311671-en>.

WAGNER, T. (2012), *Creating Innovators: The Making of Young People Who Will Change the World,* Nueva York, Ed. Simon, Schuster Inc.

YA-HUI, S. (2009), «Idea creation: the need to develop creativity in lifelong learning practices», *International Journal of Lifelong Education,* n.º 28(6), pp. 705-717.

ZABALZA, M. Á., y ZABALZA, M. A. (2012), *Innovación y cambio en las instituciones educativas,* Argentina, Homo Sapiens, 2012.

Práctica

ELABORAMOS UN PROYECTO DE INNOVACIÓN

PASO 1. Lee atentamente esta situación

Soy un alumno de Magisterio. Hace un mes terminé mis prácticas educativas en un centro público de Educación Primaria, urbano, que tiene tres unidades. Durante un mes he vivido una experiencia muy intensa acompañando a un maestro-tutor en el aula de tercero A. La clase era muy heterogénea: había 25 niños/as (11 niños y 14 niñas) de diversas culturas. El aula contaba con ordenador, proyector y pizarra digital. Las mesas estaban dispuestas en fila de a uno, y los materiales recogidos en armarios. En este período he podido observar que las metodologías utilizadas por el maestro, en todas las materias impartidas, no fomentaban la participación activa del alumnado; parecían no haberse renovado en años. El maestro se ceñía al libro de texto y a las actividades que este proponía. Además, el uso de las tecnologías de la información y de la comunicación en el aula era inexistente. La metodología de trabajo del profesor era siempre la misma y estaba totalmente interiorizada por los alumnos. Tras una primera aproximación didáctica de los contenidos basada en una lectura en voz alta por el alumnado y una pequeña explicación oral por parte del maestro usando la pizarra, se realizaban individualmente los ejercicios que presentaba el libro de texto. Los ejercicios que no daba tiempo a realizar en clase se terminaban en casa.

Paso 2. Analiza las necesidades detectadas o áreas de mejora en la situación planteada

Paso 3. Elabora una propuesta de un breve proyecto de innovación siguiendo la siguiente estructura

    I. Introducción y justificación del proyecto (análisis de necesidades del centro)
- — ¿Qué se quiere hacer?
- — ¿Por qué se quiere hacer?
- — ¿A quién va dirigido?

    II Objetivos del proyecto
- — ¿Para qué se quiere hacer?
- — ¿Qué queremos lograr?

    III. Competencias/contenidos
- — ¿Qué se quiere trabajar?

    IV. Aspectos metodológicos y organizativos (plan de trabajo, actividades, temporalización y secuenciación)
- — ¿Cómo se quiere hacer?
- — ¿Dónde se quiere hacer?
- — ¿Cuándo se va a hacer?

    IV. Recursos humanos y materiales
- — ¿Quiénes lo van a hacer?

V. Evaluación
— ¿Qué se va a evaluar?
— ¿Cómo y con qué se va a evaluar?

VI. Resultados esperados
— ¿Qué resultados se pretende conseguir en relación con los objetivos planteados?

Índice